Ivan Kouchnir

Économie d'Israël

Série "Economie dans les pays"

première publication: 2020
dernière mise à jour: 2021-01-21

Ivan Kouchnir. Économie d'Israël. Série "Economie dans les pays". - 2020. - 74 pages.

Ce livre sur l'économie d'Israël des années 1970 aux années 2010. Données source provenant de UN Data.

Taille. Dans les années 2010, le produit intérieur brut d'Israël s'élevait à 309,3 milliards de dollars par an; la valeur de l'agriculture était de 3,8 milliards de dollars; la valeur de l'industrie était de 44,8 milliards de dollars. Comme la part dans le monde était comprise entre 0,1% et 1%, le pays est classé en tant que dans l'économie moyenne.

Productivité. Dans les années 2010, le PIB par habitant était de 39 012,9 dollars; l'agriculture par habitant était de 481,8 dollars; l'industrie par habitant était de 5 656,4 dollars. Étant donné que la productivité est supérieure à la moyenne au-dessus de la moyenne, l'économie est classée comme hautement développée.

Croissance. Dans les années 2010, la croissance du PIB était de 3,8%; la croissance de l'agriculture était de -1,0; la croissance de l'industrie était de 1,5%.

Structure. Dans les années 2010, l'économie d'Israël était composée des secteurs suivants: services (40,7%), industrie (24,6%), commerce (10,7%), transport (10,1%), construction (8,4%), agriculture (5,4%).

Exportation et importation. Dans les années 2010, les exportations étaient supérieures de 4,4% aux importations, les exportations nettes représentant 1,3% du PIB. La structure technologique des exportations est meilleure que la structure des importations.

Consommation et reproduction. L'attitude de la reproduction vis-à-vis de la consommation n'est pas meilleure que la moyenne mondiale; ainsi la part du PIB dans le monde n'augmentera donc pas.

Série "Economie dans les pays": parallel.page.link/fr

© Ivan Kouchnir, 2020

Tous les droits sont réservés.

ISBN: 9798613879533

Contenu

Partie I. Taille — 4
    Chapitre I. Produit intérieur brut — 5
    Chapitre II. Valeur ajoutée — 9
    Chapitre III. Revenu national brut — 13

Partie II. Structure — 17
    Chapitre IV. Agriculture — 18
    Chapitre V. Industrie — 22
        Chapitre 5.1. Fabrication — 26
    Chapitre VI. Construction — 31
    Chapitre VII. Transport — 35
    Chapitre VIII. Commerce — 39
    Chapitre IX. Services — 43

Partie III. Relations extérieures — 47
    Chapitre X. Exportations — 48
    Chapitre XI. Importations — 53

Partie IV. Consommation — 58
    Chapitre XII. Dépenses publiques — 59
    Chapitre XIII. Dépenses ménagères — 63
    Chapitre XIV. Consommation de nourriture — 67

Partie V. Reproduction — 70
    Chapitre XV. Formation de capital fixe — 71

Partie I. Taille

	Les années 2010
PIB	309,3 milliards de dollars
Partager dans le monde	0,40%
Partager en Asie	1,1%
Partager en Asie de l'Ouest	9,9%

Chapitre I. Produit intérieur brut

Le PIB d'Israël est passé de 13,0 milliards de dollars par an dans les années 1970 à 309,3 milliards de dollars par an dans les années 2010, c'est-à-dire 296,3 milliards de dollars ou de 23,8 fois. La variation a été de 241,9 milliards de dollars en raison de l'augmentation de 4,6 fois des prix, et de 35,5 milliards de dollars en raison de la croissance de productivité de 2,1 fois, et de 18,9 milliards de dollars en raison de la croissance démographique. La croissance annuelle moyenne du produit intérieur brut était de 4,4%. La valeur minimale était de 6,0 milliards de dollars en 1970. La valeur maximale était de 395,1 milliards de dollars en 2019.

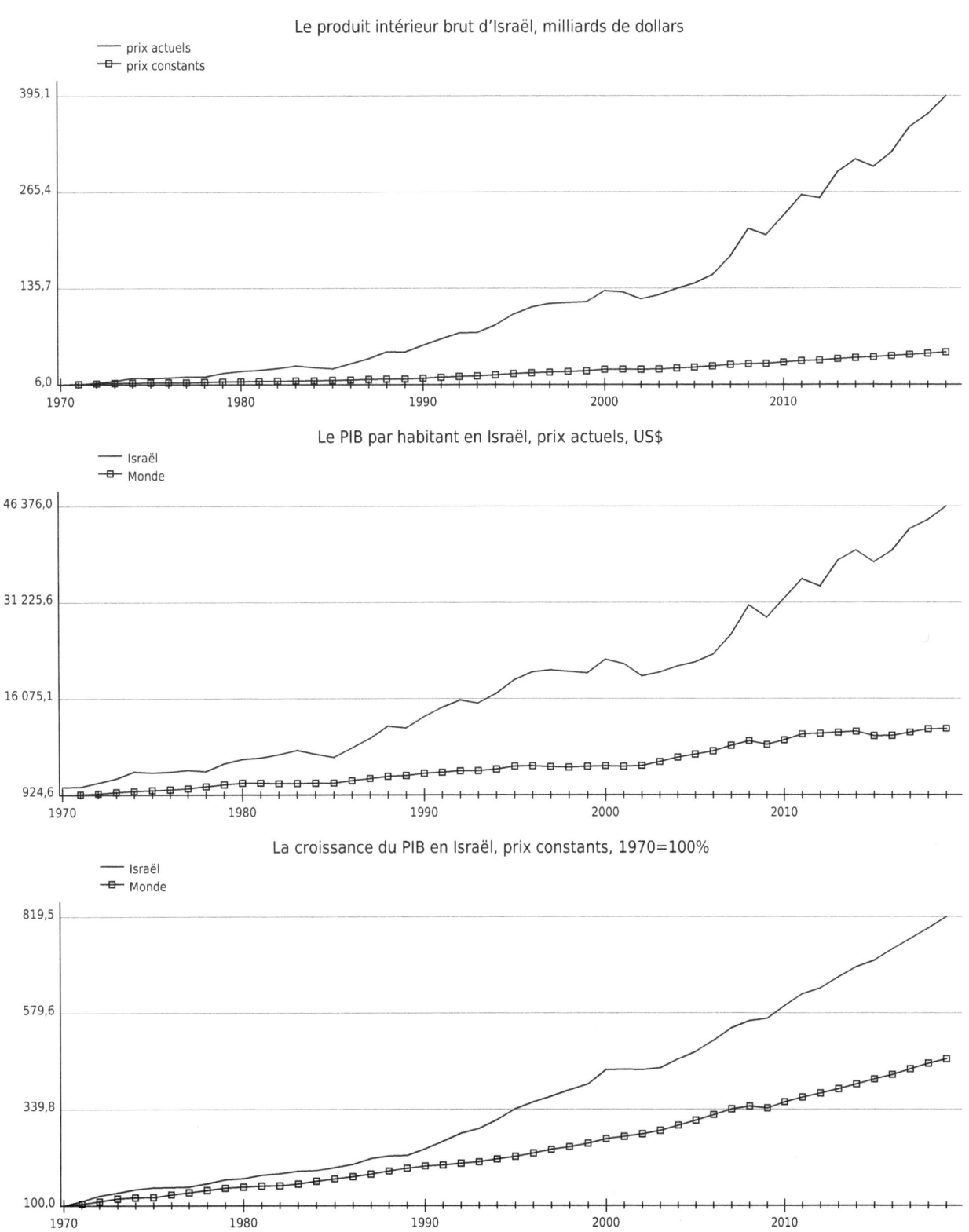

Les années 1970

Le PIB d'Israël était de 13,0 milliards de dollars par an dans les années 1970, au 48ème rang mondial à égalité avec la Hongrie (12,7 milliards de dollars), l'Égypte (13,3 milliards de dollars). La part dans le monde était de 0,20% et de 1,1% en Asie.

Le produit intérieur brut d'Israël était constitué des dépenses ménagères (50,8%), des dépenses publiques (37,0%) et de la formation de capital (29,1%).

Le produit intérieur brut par habitant en Israël était de 4017.5 dollars dans les années 1970, se situant au 38ème rang mondial, à égalité avec les Amériques (4 044,6 de dollars), Nauru (4 058,9 de dollars), l'Italie (3 958,7 de dollars). Le produit intérieur brut par habitant en Israël était 2,5 fois supérieur le PIB par habitant au Monde (1 620,8 US$), et 7,6 fois supérieur le PIB par habitant en Asie (525,2 US$).

La croissance du produit intérieur brut en Israël était de 5.7% dans les années 1970, se situant au 63ème rang mondial, à égalité avec la Colombie (5,7%), les Fidji (5,7%), la Mongolie (5,7%). La croissance du PIB en Israël (5,7%) a été supérieure à celle du monde (4,1%), et supérieure à celle de l'Asie (5,5%).

Comparaison avec les voisins. Le produit intérieur brut d'Israël était supérieur à celui de la Syrie (5,0 milliards de dollars), du Liban (3,4 milliards de dollars), de la Jordanie (1,5 milliards de dollars) et de la Palestine (515,5 millions de dollars); mais inférieur à celui de l'Égypte (13,3 milliards de dollars). Le PIB par habitant en Israël était supérieur à celui du Liban (1 346,6 de dollars), de la Jordanie (715,4 de dollars), de la Syrie (672,1 de dollars), de la Palestine (397,7 de dollars) et de l'Égypte (347,3 de dollars). La croissance du produit intérieur brut en Israël était supérieure à celle du Liban (-2,9%); mais inférieure à celle de la Syrie (9,7%), de la Palestine (8,0%), de l'Égypte (6,1%) et de la Jordanie (6,0%).

Comparaison avec les leaders. Le PIB d'Israël était inférieur à celui des États-Unis (1,7 billions de dollars), de l'URSS (649,4 milliards de dollars), du Japon (558,0 milliards de dollars), de l'Allemagne (484,2 milliards de dollars) et de la France (333,2 milliards de dollars). Le produit intérieur brut par habitant en Israël était supérieur à celui de l'URSS (2 574,9 de dollars); mais inférieur à celui des États-Unis (7 838,7 de dollars), de la France (6 214,9 de dollars), de l'Allemagne (6 148,9 de dollars) et du Japon (5 011,3 de dollars). La croissance du PIB en Israël était supérieure à celle de l'URSS (4,8%), du Japon (4,6%), de la France (3,9%), des États-Unis (3,5%) et de l'Allemagne (3,1%).

Les années 1980

Le PIB d'Israël était de 33,9 milliards de dollars par an dans les années 1980, se classant au 45ème rang mondial. La part dans le monde était de 0,22% et de 0,98% en Asie.

Le PIB d'Israël était constitué des dépenses ménagères (55,1%), des dépenses publiques (31,2%) et de la formation de capital (21,2%).

Le PIB par habitant en Israël était de 8462.8 dollars dans les années 1980, se classant au 35ème rang mondial. Le PIB par habitant en Israël était 2,7 fois supérieur le PIB par habitant au Monde (3 123,4 US$), et 6,9 fois supérieur le PIB par habitant en Asie (1 222,0 US$).

La croissance du PIB en Israël était de 3.2% dans les années 1980, se situant au 79ème rang mondial, à égalité avec l'Islande (3,2%), la Palestine (3,2%), les Palaos (3,2%). La croissance du produit intérieur brut en Israël (3,2%) a été supérieure à celle du monde (3,0%), et inférieure à celle de l'Asie (4,6%).

Comparaison avec les voisins. Le produit intérieur brut d'Israël était supérieur à celui de l'Égypte (22,8 milliards de dollars), de la Syrie (13,8 milliards de dollars), de la Jordanie (5,2 milliards de dollars), du Liban (3,4 milliards de dollars) et de la Palestine (1,3 milliards de dollars). Le PIB par habitant en Israël était supérieur à celui de la Jordanie (1 822,0 de dollars), de la Syrie (1 316,1 de dollars), du Liban (1 293,6 de dollars), de la Palestine (765,1 de dollars) et de l'Égypte (467,9 de dollars). La croissance du PIB en Israël était supérieure à celle de la Jordanie (3,1%), de la Syrie (1,6%) et du Liban (-4,2%); mais inférieure à celle de l'Égypte (7,7%) et de la Palestine (3,2%).

Comparaison avec les leaders. Le PIB d'Israël était inférieur à celui des États-Unis (4,2 billions de dollars), du Japon (1,8 billions de dollars), de l'Allemagne (990,0 milliards de dollars), de l'URSS (887,0 milliards de dollars) et de la France (729,5 milliards de dollars). Le produit intérieur brut par habitant en Israël était supérieur à celui de l'URSS (3 222,9 de dollars); mais inférieur à celui des États-Unis (17 427,1 de dollars), du Japon (14 970,9 de dollars), de la France (12 907,5 de dollars) et de l'Allemagne (12 688,8 de dollars). La croissance du PIB en Israël était supérieure à celle des États-Unis (3,1%), de la France (2,3%) et de l'Allemagne (1,9%);

Chapitre I. Produit intérieur brut

mais inférieure à celle de l'URSS (4,3%) et du Japon (4,3%).

Les années 1990

Le produit intérieur brut d'Israël était de 92,1 milliards de dollars par an dans les années 1990, se classant au 35ème rang mondial à égalité avec la Colombie (91,3 milliards de dollars). La part dans le monde était de 0,32% et de 1,2% en Asie.

Le PIB d'Israël était constitué des dépenses ménagères (54,9%), des dépenses publiques (26,1%) et de la formation de capital (25,0%).

Le PIB par habitant en Israël était de 17851 dollars dans les années 1990, au 33ème rang mondial, à égalité avec d'Aruba (17 538,3 de dollars). Le produit intérieur brut par habitant en Israël était 3,6 fois supérieur le PIB par habitant au Monde (5 020,1 US$), et 8,0 fois supérieur le PIB par habitant en Asie (2 243,8 US$).

La croissance du PIB en Israël était de 6% dans les années 1990, au 27ème rang mondial, à égalité avec le Yémen (5,9%), les Émirats arabes unis (5,9%), le Cambodge (6,0%). La croissance du PIB en Israël (6,0%) a été supérieure à celle du monde (2,8%), et supérieure à celle de l'Asie (4,7%).

Comparaison avec les voisins. Le PIB d'Israël était supérieur à celui de l'Égypte (62,8 milliards de dollars), de la Syrie (14,6 milliards de dollars), du Liban (10,5 milliards de dollars), de la Jordanie (6,4 milliards de dollars) et de la Palestine (3,1 milliards de dollars). Le PIB par habitant en Israël était supérieur à celui du Liban (3 115,8 de dollars), de la Jordanie (1 459,0 de dollars), de la Palestine (1 200,4 de dollars), de la Syrie (1 030,1 de dollars) et de l'Égypte (1 017,3 de dollars). La croissance du produit intérieur brut en Israël était supérieure à celle de l'Égypte (5,0%) et de la Jordanie (4,2%); mais inférieure à celle de la Palestine (10,8%), du Liban (9,1%) et de la Syrie (6,3%).

Comparaison avec les leaders. Le PIB d'Israël était inférieur à celui des États-Unis (7,6 billions de dollars), du Japon (4,3 billions de dollars), de l'Allemagne (2,2 billions de dollars), de la France (1,4 billions de dollars) et du Royaume-Uni (1,3 billions de dollars). Le PIB par habitant en Israël était inférieur à celui du Japon (34 325,0 de dollars), des États-Unis (28 654,0 de dollars), de l'Allemagne (27 003,8 de dollars), de la France (24 100,9 de dollars) et du Royaume-Uni (22 920,4 de dollars). La croissance du PIB en Israël était supérieure à celle des États-Unis (3,2%), du Royaume-Uni (2,3%), de l'Allemagne (2,2%), de la France (2,0%) et du Japon (1,5%).

Les années 2000

Le produit intérieur brut d'Israël était de 154,6 milliards de dollars par an dans les années 2000, se situant au 39ème rang mondial. La part dans le monde était de 0,33% et de 1,2% en Asie.

Le produit intérieur brut d'Israël était constitué des dépenses ménagères (55,6%), des dépenses publiques (24,2%) et de la formation de capital (20,5%).

Le PIB par habitant en Israël était de 23737.4 dollars dans les années 2000, se classant au 42ème rang mondial, à égalité avec la Nouvelle-Zélande (23 804,1 de dollars), Saint-Martin (23 826,7 de dollars), d'Aruba (24 165,8 de dollars). Le PIB par habitant en Israël était 3,3 fois supérieur le produit intérieur brut par habitant au Monde (7 176,3 US$), et 7,5 fois supérieur le PIB par habitant en Asie (3 180,5 US$).

La croissance du PIB en Israël était de 3.5% dans les années 2000, se classant au 117ème rang mondial, à égalité avec d'Oman (3,5%), l'Islande (3,5%). La croissance du produit intérieur brut en Israël (3,5%) a été supérieure à celle du monde (3,0%), et inférieure à celle de l'Asie (5,2%).

Comparaison avec les voisins. Le PIB d'Israël était supérieur à celui de l'Égypte (111,3 milliards de dollars), de la Syrie (31,6 milliards de dollars), du Liban (22,6 milliards de dollars), de la Jordanie (14,3 milliards de dollars) et de la Palestine (5,2 milliards de dollars). Le produit intérieur brut par habitant en Israël était supérieur à celui du Liban (5 053,4 de dollars), de la Jordanie (2 468,2 de dollars), de la Syrie (1 712,8 de dollars), de l'Égypte (1 486,4 de dollars) et de la Palestine (1 461,4 de dollars). La croissance du produit intérieur brut en Israël était supérieure à celle de la Palestine (3,0%); mais inférieure à celle de la Jordanie (6,5%), du Liban (5,1%), de l'Égypte (5,0%) et de la Syrie (4,7%).

Comparaison avec les leaders. Le PIB d'Israël était inférieur à celui des États-Unis (12,6 billions de dollars), du Japon (4,7 billions de dollars), de l'Allemagne (2,8 billions de dollars), de la Chine (2,6 billions de dollars) et du Royaume-Uni (2,3 billions de dollars). Le PIB par habitant en Israël était supérieur à celui de la Chine (1 954,1 de dollars); mais inférieur à celui des États-Unis (42 841,2 de dollars), du Royaume-Uni (38 399,3 de dollars), du Japon (36 386,2 de dollars) et de l'Allemagne (33 966,8 de dollars). La croissance du PIB en Israël était supérieure à celle des États-Unis (1,9%), du Royaume-Uni (1,7%), de l'Allemagne (0,73%) et du Japon (0,50%);

mais inférieure à celle de la Chine (10,3%).

Les années 2010

Le PIB d'Israël était de 309,3 milliards de dollars par an dans les années 2010, au 36ème rang mondial à égalité avec le Venezuela (304,6 milliards de dollars), l'Est (314,4 milliards de dollars), Singapour (315,0 milliards de dollars). La part dans le monde était de 0,40% et de 1,1% en Asie.

Le produit intérieur brut d'Israël était constitué des dépenses ménagères (55,1%), des dépenses publiques (22,7%) et de la formation de capital (20,8%).

Le PIB par habitant en Israël était de 39012.9 dollars dans les années 2010, se situant au 33ème rang mondial, à égalité avec les Îles Vierges britanniques (39 123,9 de dollars), l'Andorre (39 865,8 de dollars). Le PIB par habitant en Israël était 3,7 fois supérieur le PIB par habitant au Monde (10 603,1 US$), et 6,3 fois supérieur le PIB par habitant en Asie (6 207,1 US$).

La croissance du produit intérieur brut en Israël était de 3.8% dans les années 2010, au 81ème rang mondial, à égalité avec l'Estonie (3,7%), Maurice (3,8%), la Mauritanie (3,8%). La croissance du produit intérieur brut en Israël (3,8%) a été supérieure à celle du monde (3,1%), et inférieure à celle de l'Asie (5,2%).

Comparaison avec les voisins. Le PIB d'Israël était 17,0% supérieur à celui de l'Égypte (264,4 milliards de dollars), 6,4 fois supérieur à celui du Liban (48,0 milliards de dollars), 8,4 fois supérieur à celui de la Jordanie (36,7 milliards de dollars), 10,1 fois supérieur à celui de la Syrie (30,6 milliards de dollars) et 22,2 fois supérieur à celui de la Palestine (13,9 milliards de dollars). Le produit intérieur brut par habitant en Israël était 5,0 fois supérieur à celui du Liban (7 787,3 de dollars), 9,5 fois supérieur à celui de la Jordanie (4 116,9 de dollars), 12,6 fois supérieur à celui de la Palestine (3 100,6 de dollars), 13,5 fois supérieur à celui de l'Égypte (2 890,9 de dollars) et 23,9 fois supérieur à celui de la Syrie (1 631,0 de dollars). La croissance du PIB en Israël était supérieure à celle de la Jordanie (2,4%), du Liban (1,2%) et de la Syrie (-7,1%); mais inférieure à celle de la Palestine (4,2%) et de l'Égypte (3,8%).

Comparaison avec les leaders. Le produit intérieur brut d'Israël était 58,1 fois inférieur à celui des États-Unis (18,0 billions de dollars), 34,0 fois inférieur à celui de la Chine (10,5 billions de dollars), 16,9 fois inférieur à celui du Japon (5,2 billions de dollars), 11,8 fois inférieur à celui de l'Allemagne (3,7 billions de dollars) et 8,9 fois inférieur à celui du Royaume-Uni (2,8 billions de dollars). Le produit intérieur brut par habitant en Israël était 5,2 fois supérieur à celui de la Chine (7 491,3 de dollars); mais 30,6% inférieur à celui des États-Unis (56 220,1 de dollars), 12,8% inférieur à celui de l'Allemagne (44 732,1 de dollars), 7,5% inférieur à celui du Royaume-Uni (42 176,3 de dollars) et 4,5% inférieur à celui du Japon (40 869,8 de dollars). La croissance du PIB en Israël était supérieure à celle des États-Unis (2,3%), de l'Allemagne (1,9%), du Royaume-Uni (1,8%) et du Japon (1,3%); mais inférieure à celle de la Chine (7,7%).

Chapitre II. Valeur ajoutée

La valeur ajoutée d'Israël est passé de 12,8 milliards de dollars par an dans les années 1970 à 277,8 milliards de dollars par an dans les années 2010, c'est-à-dire 264,9 milliards de dollars ou de 21,7 fois. La variation a été de 219,0 milliards de dollars en raison de l'augmentation de 4,7 fois des prix, et de 27,3 milliards de dollars en raison de la croissance de productivité de 1,9 fois, et de 18,6 milliards de dollars en raison de la croissance démographique. La croissance annuelle moyenne de la valeur ajoutée était de 4,1%. La valeur minimale était de 6,2 milliards de dollars en 1970. La valeur maximale était de 358,6 milliards de dollars en 2019.

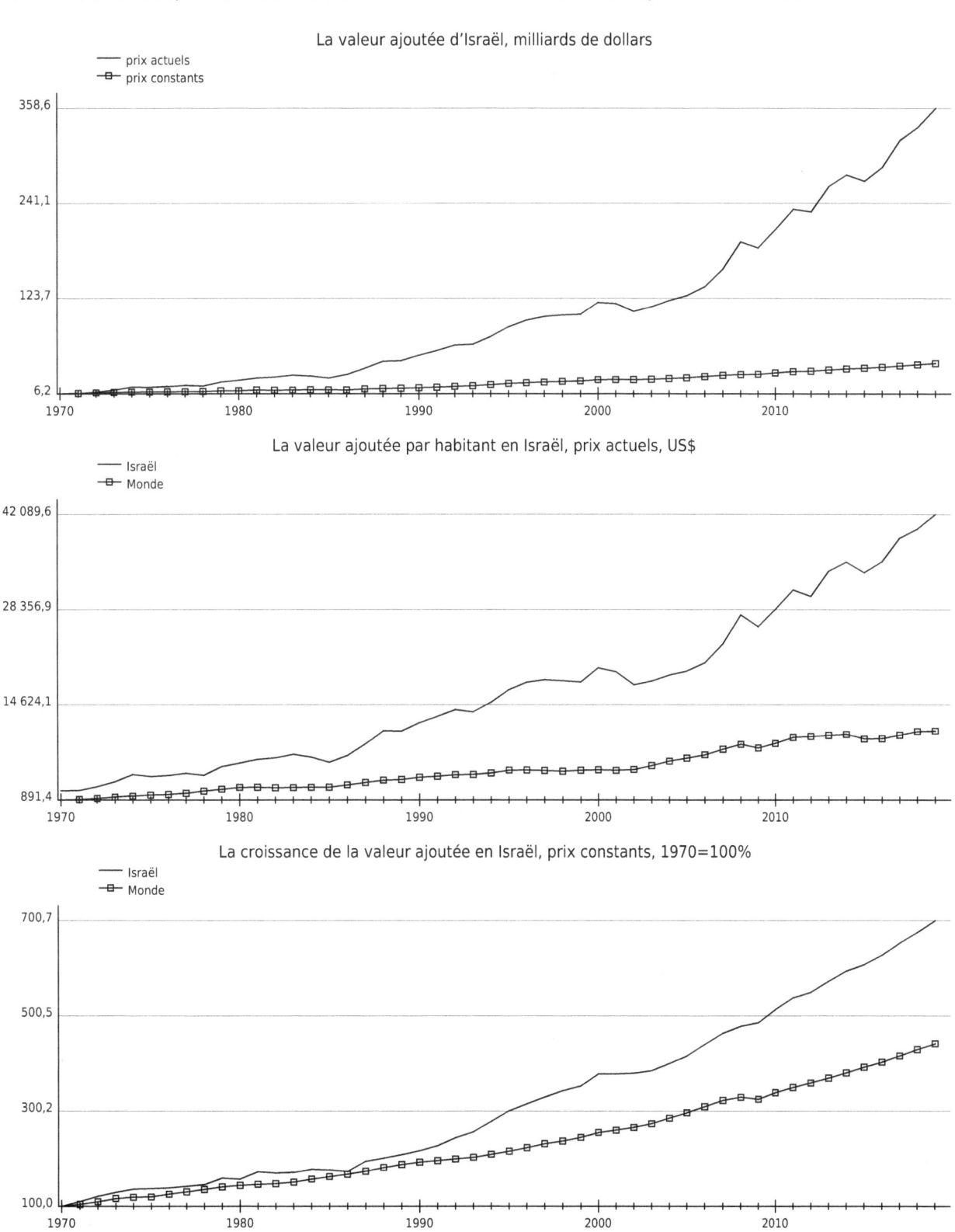

Les années 1970

La valeur ajoutée d'Israël était de 12,8 milliards de dollars par an dans les années 1970, se situant au 48ème rang mondial à égalité avec le Chili (12,9 milliards de dollars), la Nouvelle-Zélande (13,1 milliards de dollars). La part dans le monde était de 0,20% et de 1,1% en Asie.

La valeur ajoutée totale d'Israël était constituée de: services (40,7%), industrie (24,6%), commerce (10,7%), transport (10,1%), construction (8,4%), agriculture (5,4%).

La valeur ajoutée par habitant en Israël était de 3961.8 dollars dans les années 1970, se classant au 38ème rang mondial, à égalité avec les Amériques (3 985,3 de dollars), d'Aruba (4 018,7 de dollars). La valeur ajoutée par habitant en Israël était 2,5 fois supérieure la valeur ajoutée par habitant au Monde (1 564,4 US$), et 7,8 fois supérieure la valeur ajoutée par habitant en Asie (508,3 US$).

La croissance de la valeur ajoutée en Israël était de 5.3% dans les années 1970, au 71ème rang mondial, à égalité avec l'Est (5,2%), la Bolivie (5,3%), l'Est (5,3%). La croissance de la valeur ajoutée en Israël (5,3%) a été supérieure à celle du monde (3,9%), et inférieure à celle de l'Asie (5,5%).

Comparaison avec les voisins. La valeur ajoutée d'Israël était supérieure à celle de l'Égypte (12,2 milliards de dollars), de la Syrie (5,0 milliards de dollars), du Liban (3,3 milliards de dollars), de la Jordanie (1,3 milliards de dollars) et de la Palestine (486,4 millions de dollars). La valeur ajoutée par habitant en Israël était supérieure à celle du Liban (1 300,9 de dollars), de la Syrie (672,1 de dollars), de la Jordanie (628,5 de dollars), de la Palestine (375,2 de dollars) et de l'Égypte (318,1 de dollars). La croissance de la valeur ajoutée en Israël était supérieure à celle de la Jordanie (4,6%) et du Liban (-2,9%); mais inférieure à celle de la Syrie (9,0%), de la Palestine (8,0%) et de l'Égypte (7,9%).

Comparaison avec les leaders. La valeur ajoutée d'Israël était inférieure à celle des États-Unis (1,7 billions de dollars), de l'URSS (649,4 milliards de dollars), du Japon (545,3 milliards de dollars), de l'Allemagne (444,9 milliards de dollars) et de la France (297,3 milliards de dollars). La valeur ajoutée par habitant en Israël était supérieure à celle de l'URSS (2 574,9 de dollars); mais inférieure à celle des États-Unis (7 767,9 de dollars), de l'Allemagne (5 650,3 de dollars), de la France (5 544,4 de dollars) et du Japon (4 897,5 de dollars). La croissance de la valeur ajoutée en Israël était supérieure à celle du Japon (4,9%), de l'URSS (4,8%), de la France (3,7%), de l'Allemagne (3,1%) et des États-Unis (2,9%).

Les années 1980

La valeur ajoutée d'Israël était de 31,7 milliards de dollars par an dans les années 1980, au 45ème rang mondial. La part dans le monde était de 0,22% et de 0,94% en Asie.

La valeur ajoutée totale d'Israël était constituée de: services (45,0%), industrie (24,2%), commerce (11,3%), transport (10,1%), construction (5,5%), agriculture (3,8%).

La valeur ajoutée par habitant en Israël était de 7922.6 dollars dans les années 1980, au 36ème rang mondial, à égalité avec la Libye (7 814,5 de dollars), la Nouvelle-Calédonie (8 037,8 de dollars). La valeur ajoutée par habitant en Israël était 2,6 fois supérieure la valeur ajoutée par habitant au Monde (3 029,9 US$), et 6,6 fois supérieure la valeur ajoutée par habitant en Asie (1 191,9 US$).

La croissance de la valeur ajoutée en Israël était de 2.8% dans les années 1980, au 97ème rang mondial, à égalité avec l'Asie du Sud (2,7%), le Cameroun (2,7%), l'Europe du Nord (2,8%). La croissance de la valeur ajoutée en Israël (2,8%) a été inférieure à celle du monde (2,9%), et inférieure à celle de l'Asie (4,3%).

Comparaison avec les voisins. La valeur ajoutée d'Israël était supérieure à celle de l'Égypte (21,8 milliards de dollars), de la Syrie (13,8 milliards de dollars), de la Jordanie (4,7 milliards de dollars), du Liban (3,4 milliards de dollars) et de la Palestine (1,3 milliards de dollars). La valeur ajoutée par habitant en Israël était supérieure à celle de la Jordanie (1 648,7 de dollars), de la Syrie (1 316,0 de dollars), du Liban (1 297,0 de dollars), de la Palestine (722,0 de dollars) et de l'Égypte (447,6 de dollars). La croissance de la valeur ajoutée en Israël était supérieure à celle de la Syrie (2,2%) et du Liban (-3,8%); mais inférieure à celle de l'Égypte (6,7%), de la Palestine (3,3%) et de la Jordanie (3,2%).

Comparaison avec les leaders. La valeur ajoutée d'Israël était inférieure à celle des États-Unis (4,2 billions de dollars), du Japon (1,8 billions de dollars), de l'Allemagne (907,0 milliards de dollars), de l'URSS (887,0 milliards de dollars) et de la France (650,9 milliards de dollars). La valeur ajoutée par habitant en Israël était supérieure à celle de l'URSS (3 222,9 de dollars); mais inférieure à celle des États-Unis (17 439,9 de dollars), du Japon (14 839,7 de dollars), de l'Allemagne (11 624,4 de dollars) et de la France (11 516,2 de

Chapitre II. Valeur ajoutée

dollars). La croissance de la valeur ajoutée en Israël était supérieure à celle de la France (2,2%) et de l'Allemagne (2,0%); mais inférieure à celle de l'URSS (4,3%), du Japon (4,2%) et des États-Unis (2,8%).

Les années 1990

La valeur ajoutée d'Israël était de 81,6 milliards de dollars par an dans les années 1990, au 36ème rang mondial. La part dans le monde était de 0,30% et de 1,1% en Asie.

La valeur ajoutée totale d'Israël était constituée de: services (49,5%), industrie (21,2%), commerce (10,2%), transport (10,0%), construction (6,9%), agriculture (2,1%).

La valeur ajoutée par habitant en Israël était de 15807.4 dollars dans les années 1990, se situant au 37ème rang mondial. La valeur ajoutée par habitant en Israël était 3,3 fois supérieure la valeur ajoutée par habitant au Monde (4 799,9 US$), et 7,2 fois supérieure la valeur ajoutée par habitant en Asie (2 197,3 US$).

La croissance de la valeur ajoutée en Israël était de 5.4% dans les années 1990, se situant au 32ème rang mondial, à égalité avec le Cambodge (5,4%). La croissance de la valeur ajoutée en Israël (5,4%) a été supérieure à celle du monde (2,7%), et supérieure à celle de l'Asie (4,6%).

Comparaison avec les voisins. La valeur ajoutée d'Israël était supérieure à celle de l'Égypte (59,3 milliards de dollars), de la Syrie (14,6 milliards de dollars), du Liban (10,3 milliards de dollars), de la Jordanie (5,4 milliards de dollars) et de la Palestine (2,9 milliards de dollars). La valeur ajoutée par habitant en Israël était supérieure à celle du Liban (3 059,0 de dollars), de la Jordanie (1 221,2 de dollars), de la Palestine (1 106,1 de dollars), de la Syrie (1 030,1 de dollars) et de l'Égypte (959,7 de dollars). La croissance de la valeur ajoutée en Israël était supérieure à celle de l'Égypte (4,1%) et de la Jordanie (3,9%); mais inférieure à celle de la Palestine (9,7%), du Liban (9,7%) et de la Syrie (6,1%).

Comparaison avec les leaders. La valeur ajoutée d'Israël était inférieure à celle des États-Unis (7,6 billions de dollars), du Japon (4,3 billions de dollars), de l'Allemagne (2,0 billions de dollars), de la France (1,3 billions de dollars) et du Royaume-Uni (1,2 billions de dollars). La valeur ajoutée par habitant en Israël était inférieure à celle du Japon (34 190,7 de dollars), des États-Unis (28 605,8 de dollars), de l'Allemagne (24 519,7 de dollars), de la France (21 588,1 de dollars) et du Royaume-Uni (21 414,8 de dollars). La croissance de la valeur ajoutée en Israël était supérieure à celle des États-Unis (2,8%), du Royaume-Uni (2,4%), de l'Allemagne (2,1%), de la France (1,8%) et du Japon (1,8%).

Les années 2000

La valeur ajoutée d'Israël était de 138,2 milliards de dollars par an dans les années 2000, se situant au 40ème rang mondial à égalité avec la Colombie (136,2 milliards de dollars). La part dans le monde était de 0,31% et de 1,1% en Asie.

La valeur ajoutée totale d'Israël était constituée de: services (50,6%), industrie (19,3%), transport (12,4%), commerce (11,0%), construction (5,1%), agriculture (1,7%).

La valeur ajoutée par habitant en Israël était de 21227.2 dollars dans les années 2000, se classant au 42ème rang mondial, à égalité avec Chypre (21 426,2 de dollars). La valeur ajoutée par habitant en Israël était 3,1 fois supérieure la valeur ajoutée par habitant au Monde (6 818,0 US$), et 6,8 fois supérieure la valeur ajoutée par habitant en Asie (3 111,3 US$).

La croissance de la valeur ajoutée en Israël était de 3.3% dans les années 2000, se situant au 115ème rang mondial, à égalité avec l'Eswatini (3,2%), les Samoa (3,2%). La croissance de la valeur ajoutée en Israël (3,3%) a été supérieure à celle du monde (2,9%), et inférieure à celle de l'Asie (5,1%).

Comparaison avec les voisins. La valeur ajoutée d'Israël était supérieure à celle de l'Égypte (105,4 milliards de dollars), de la Syrie (31,6 milliards de dollars), du Liban (20,9 milliards de dollars), de la Jordanie (12,8 milliards de dollars) et de la Palestine (4,6 milliards de dollars). La valeur ajoutée par habitant en Israël était supérieure à celle du Liban (4 672,6 de dollars), de la Jordanie (2 194,6 de dollars), de la Syrie (1 712,8 de dollars), de l'Égypte (1 407,5 de dollars) et de la Palestine (1 290,7 de dollars). La croissance de la valeur ajoutée en Israël était supérieure à celle de la Palestine (2,7%); mais inférieure à celle de la Jordanie (6,6%), de l'Égypte (4,7%), de la Syrie (4,7%) et du Liban (4,0%).

Comparaison avec les leaders. La valeur ajoutée d'Israël était inférieure à celle des États-Unis (12,6 billions de dollars), du Japon (4,7 billions de dollars), de la Chine (2,6 billions de dollars), de l'Allemagne (2,5 billions de dollars) et du Royaume-Uni (2,1 billions de dollars). La valeur ajoutée par habitant en Israël était supérieure à celle de la Chine (1 954,1 de dollars); mais inférieure à celle des

États-Unis (42 840,8 de dollars), du Japon (36 383,0 de dollars), du Royaume-Uni (34 611,1 de dollars) et de l'Allemagne (30 717,6 de dollars). La croissance de la valeur ajoutée en Israël était supérieure à celle des États-Unis (1,7%), du Royaume-Uni (1,7%), de l'Allemagne (0,65%) et du Japon (0,27%); mais inférieure à celle de la Chine (10,2%).

Les années 2010

La valeur ajoutée d'Israël était de 277,8 milliards de dollars par an dans les années 2010, se situant au 39ème rang mondial à égalité avec l'Asie centrale (280,7 milliards de dollars), les Philippines (283,2 milliards de dollars). La part dans le monde était de 0,38% et de 1,0% en Asie.

La valeur ajoutée totale d'Israël était constituée de: services (52,6%), industrie (16,1%), transport (12,1%), commerce (11,7%), construction (6,1%), agriculture (1,4%).

La valeur ajoutée par habitant en Israël était de 35039.7 dollars dans les années 2010, au 35ème rang mondial, à égalité avec l'Andorre (35 570,4 de dollars). La valeur ajoutée par habitant en Israël était 3,5 fois supérieure la valeur ajoutée par habitant au Monde (10 094,6 US$), et 5,8 fois supérieure la valeur ajoutée par habitant en Asie (6 065,5 US$).

La croissance de la valeur ajoutée en Israël était de 3.7% dans les années 2010, au 77ème rang mondial, à égalité avec la Hongrie (3,7%), l'Estonie (3,7%), Maurice (3,7%). La croissance de la valeur ajoutée en Israël (3,7%) a été supérieure à celle du monde (3,1%), et inférieure à celle de l'Asie (5,3%).

Comparaison avec les voisins. La valeur ajoutée d'Israël était 5,5% supérieure à celle de l'Égypte (263,3 milliards de dollars), 6,2 fois supérieure à celle du Liban (44,6 milliards de dollars), 8,4 fois supérieure à celle de la Jordanie (32,9 milliards de dollars), 9,1 fois supérieure à celle de la Syrie (30,6 milliards de dollars) et 23,1 fois supérieure à celle de la Palestine (12,0 milliards de dollars). La valeur ajoutée par habitant en Israël était 4,8 fois supérieure à celle du Liban (7 228,4 de dollars), 9,5 fois supérieure à celle de la Jordanie (3 695,0 de dollars), 12,2 fois supérieure à celle de l'Égypte (2 878,4 de dollars), 13,1 fois supérieure à celle de la Palestine (2 678,9 de dollars) et 21,5 fois supérieure à celle de la Syrie (1 631,0 de dollars). La croissance de la valeur ajoutée en Israël était supérieure à celle de l'Égypte (3,4%), de la Jordanie (2,6%), du Liban (1,4%) et de la Syrie (-5,1%); mais inférieure à celle de la Palestine (4,3%).

Comparaison avec les leaders. La valeur ajoutée d'Israël était 64,7 fois inférieure à celle des États-Unis (18,0 billions de dollars), 37,8 fois inférieure à celle de la Chine (10,5 billions de dollars), 18,7 fois inférieure à celle du Japon (5,2 billions de dollars), 11,9 fois inférieure à celle de l'Allemagne (3,3 billions de dollars) et 8,9 fois inférieure à celle du Royaume-Uni (2,5 billions de dollars). La valeur ajoutée par habitant en Israël était 4,7 fois supérieure à celle de la Chine (7 491,3 de dollars); mais 37,7% inférieure à celle des États-Unis (56 220,3 de dollars), 13,8% inférieure à celle du Japon (40 660,3 de dollars), 13,2% inférieure à celle de l'Allemagne (40 346,4 de dollars) et 7,0% inférieure à celle du Royaume-Uni (37 659,6 de dollars). La croissance de la valeur ajoutée en Israël était supérieure à celle des États-Unis (2,2%), de l'Allemagne (1,9%), du Royaume-Uni (1,8%) et du Japon (1,3%); mais inférieure à celle de la Chine (7,7%).

Chapitre III. Revenu national brut

Le revenu national brut d'Israël est passé de 12,5 milliards de dollars par an dans les années 1970 à 306,1 milliards de dollars par an dans les années 2010, c'est-à-dire 293,6 milliards de dollars ou de 24,5 fois. La variation a été de 239,5 milliards de dollars en raison de l'augmentation de 4,6 fois des prix, et de 35,9 milliards de dollars en raison de la croissance de productivité de 2,2 fois, et de 18,2 milliards de dollars en raison de la croissance démographique. La croissance annuelle moyenne du RNB était de 4,5%. La valeur minimale était de 5,8 milliards de dollars en 1970. La valeur maximale était de 394,5 milliards de dollars en 2019.

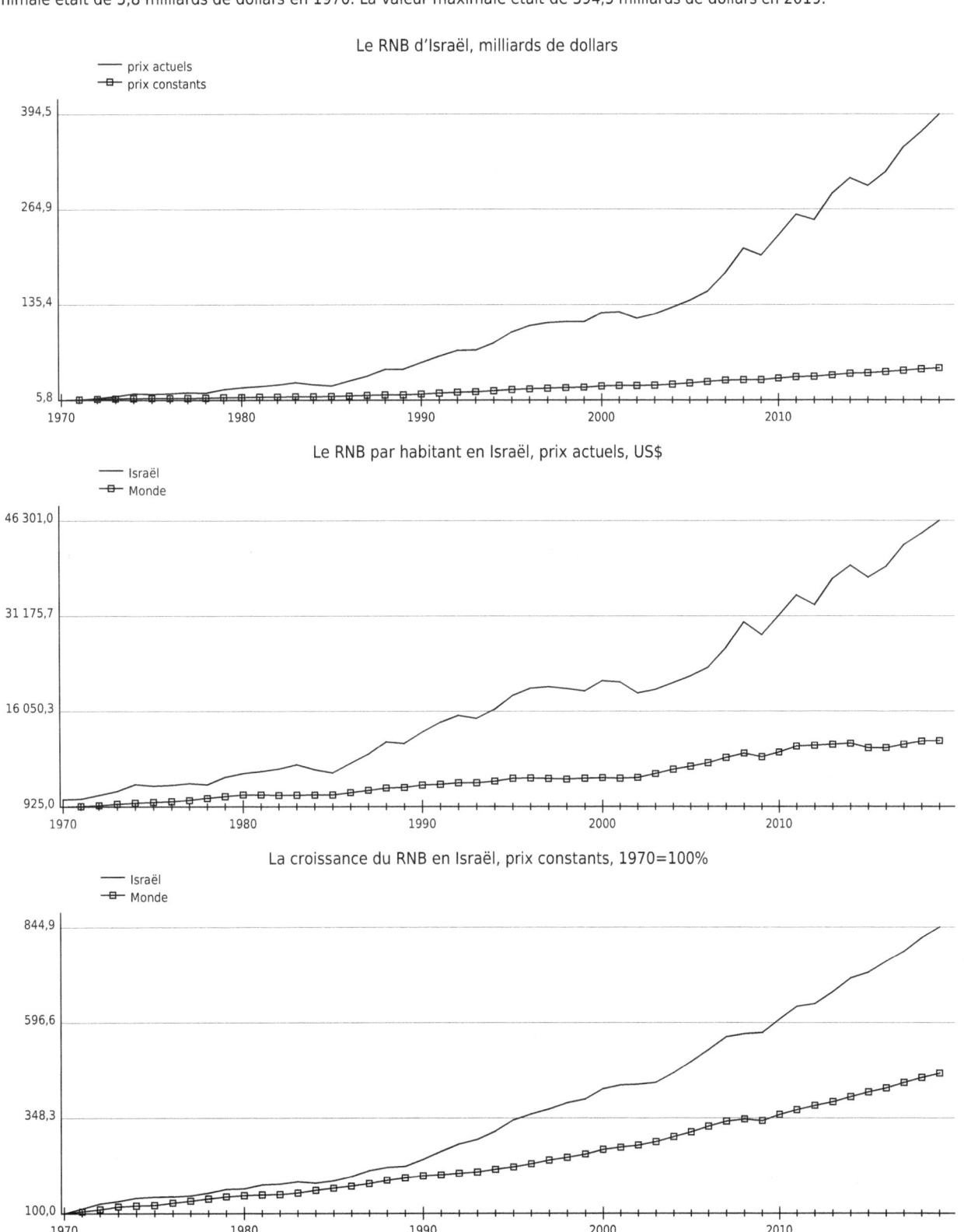

Les années 1970

Le revenu national brut d'Israël était de 12,5 milliards de dollars par an dans les années 1970, se situant au 48ème rang mondial à égalité avec la Hongrie (12,6 milliards de dollars), les Émirats arabes unis (12,6 milliards de dollars), la Libye (12,4 milliards de dollars). La part dans le monde était de 0,19% et de 1,0% en Asie.

Le revenu national brut par habitant en Israël était de 3869.5 dollars dans les années 1970, se classant au 39ème rang mondial. Le revenu national brut par habitant en Israël était 2,4 fois supérieur le revenu national brut par habitant au Monde (1 624,3 US$), et 7,3 fois supérieur le revenu national brut par habitant en Asie (529,4 US$).

La croissance du revenu national brut en Israël était de 5.6% dans les années 1970, se situant au 65ème rang mondial, à égalité avec l'Argentine (5,5%), la Polynésie française (5,6%), le Honduras (5,6%). La croissance du revenu national brut en Israël (5,6%) a été supérieure à celle du monde (4,1%), et supérieure à celle de l'Asie (5,5%).

Comparaison avec les voisins. Le revenu national brut d'Israël était supérieur à celui de la Syrie (5,0 milliards de dollars), du Liban (3,5 milliards de dollars), de la Jordanie (1,5 milliards de dollars) et de la Palestine (687,2 millions de dollars); mais inférieur à celui de l'Égypte (13,5 milliards de dollars). Le RNB par habitant en Israël était supérieur à celui du Liban (1 394,0 de dollars), de la Jordanie (719,8 de dollars), de la Syrie (669,3 de dollars), de la Palestine (530,1 de dollars) et de l'Égypte (353,8 de dollars). La croissance du revenu national brut en Israël était supérieure à celle du Liban (-2,9%); mais inférieure à celle de la Palestine (10,2%), de la Syrie (9,7%), de l'Égypte (7,3%) et de la Jordanie (5,7%).

Comparaison avec les leaders. Le revenu national brut d'Israël était inférieur à celui des États-Unis (1,7 billions de dollars), de l'URSS (649,4 milliards de dollars), du Japon (558,5 milliards de dollars), de l'Allemagne (486,2 milliards de dollars) et de la France (334,3 milliards de dollars). Le RNB par habitant en Israël était supérieur à celui de l'URSS (2 574,9 de dollars); mais inférieur à celui des États-Unis (7 837,2 de dollars), de la France (6 235,1 de dollars), de l'Allemagne (6 174,4 de dollars) et du Japon (5 015,3 de dollars). La croissance du RNB en Israël était supérieure à celle de l'URSS (4,8%), du Japon (4,7%), de la France (3,9%), des États-Unis (3,5%) et de l'Allemagne (3,0%).

Les années 1980

Le revenu national brut d'Israël était de 32,0 milliards de dollars par an dans les années 1980, se classant au 45ème rang mondial. La part dans le monde était de 0,21% et de 0,92% en Asie.

Le revenu national brut par habitant en Israël était de 7994.7 dollars dans les années 1980, se classant au 36ème rang mondial, à égalité avec la Nouvelle-Calédonie (8 037,8 de dollars), les Amériques (8 063,2 de dollars). Le revenu national brut par habitant en Israël était 2,6 fois supérieur le revenu national brut par habitant au Monde (3 117,1 US$), et 6,5 fois supérieur le revenu national brut par habitant en Asie (1 233,8 US$).

La croissance du revenu national brut en Israël était de 3.2% dans les années 1980, au 76ème rang mondial, à égalité avec Sierra Leone (3,1%), la Palestine (3,1%), le Mali (3,2%). La croissance du RNB en Israël (3,2%) a été supérieure à celle du monde (3,0%), et inférieure à celle de l'Asie (4,6%).

Comparaison avec les voisins. Le RNB d'Israël était supérieur à celui de l'Égypte (22,1 milliards de dollars), de la Syrie (13,6 milliards de dollars), de la Jordanie (5,0 milliards de dollars), du Liban (3,6 milliards de dollars) et de la Palestine (1,9 milliards de dollars). Le revenu national brut par habitant en Israël était supérieur à celui de la Jordanie (1 758,9 de dollars), du Liban (1 356,0 de dollars), de la Syrie (1 296,5 de dollars), de la Palestine (1 061,5 de dollars) et de l'Égypte (453,6 de dollars). La croissance du revenu national brut en Israël était supérieure à celle de la Palestine (3,1%), de la Jordanie (1,9%), de la Syrie (0,92%) et du Liban (-2,8%); mais inférieure à celle de l'Égypte (6,5%).

Comparaison avec les leaders. Le RNB d'Israël était inférieur à celui des États-Unis (4,2 billions de dollars), du Japon (1,8 billions de dollars), de l'Allemagne (996,5 milliards de dollars), de l'URSS (887,0 milliards de dollars) et de la France (732,1 milliards de dollars). Le RNB par habitant en Israël était supérieur à celui de l'URSS (3 222,9 de dollars); mais inférieur à celui des États-Unis (17 362,5 de dollars), du Japon (15 042,8 de dollars), de la France (12 952,6 de dollars) et de l'Allemagne (12 771,0 de dollars). La croissance du revenu national brut en Israël était supérieure à celle des États-Unis (3,1%), de la France (2,3%) et de l'Allemagne (2,0%); mais inférieure à celle du Japon (4,4%) et de l'URSS (4,3%).

Les années 1990

Chapitre III. Revenu national brut

Le revenu national brut d'Israël était de 89,1 milliards de dollars par an dans les années 1990, se situant au 36ème rang mondial à égalité avec la Colombie (89,7 milliards de dollars). La part dans le monde était de 0,31% et de 1,1% en Asie.

Le RNB par habitant en Israël était de 17270.2 dollars dans les années 1990, se classant au 33ème rang mondial, à égalité avec l'Irlande (17 248,1 de dollars), le Qatar (17 155,2 de dollars), d'Aruba (17 404,9 de dollars). Le RNB par habitant en Israël était 3,5 fois supérieur le revenu national brut par habitant au Monde (4 991,4 US$), et 7,7 fois supérieur le RNB par habitant en Asie (2 257,5 US$).

La croissance du revenu national brut en Israël était de 6% dans les années 1990, se situant au 29ème rang mondial, à égalité avec le Soudan (6,0%). La croissance du RNB en Israël (6,0%) a été supérieure à celle du monde (2,8%), et supérieure à celle de l'Asie (4,6%).

Comparaison avec les voisins. Le RNB d'Israël était supérieur à celui de l'Égypte (62,7 milliards de dollars), de la Syrie (14,0 milliards de dollars), du Liban (10,9 milliards de dollars), de la Jordanie (6,0 milliards de dollars) et de la Palestine (3,8 milliards de dollars). Le RNB par habitant en Israël était supérieur à celui du Liban (3 232,7 de dollars), de la Palestine (1 454,5 de dollars), de la Jordanie (1 370,6 de dollars), de l'Égypte (1 015,4 de dollars) et de la Syrie (987,9 de dollars). La croissance du RNB en Israël était supérieure à celle de l'Égypte (5,2%) et de la Jordanie (5,1%); mais inférieure à celle de la Palestine (9,0%), du Liban (7,5%) et de la Syrie (6,7%).

Comparaison avec les leaders. Le RNB d'Israël était inférieur à celui des États-Unis (7,5 billions de dollars), du Japon (4,4 billions de dollars), de l'Allemagne (2,2 billions de dollars), de la France (1,4 billions de dollars) et du Royaume-Uni (1,3 billions de dollars). Le RNB par habitant en Israël était inférieur à celui du Japon (34 665,3 de dollars), des États-Unis (28 503,5 de dollars), de l'Allemagne (27 004,0 de dollars), de la France (24 286,5 de dollars) et du Royaume-Uni (23 037,3 de dollars). La croissance du RNB en Israël était supérieure à celle des États-Unis (3,4%), de la France (2,2%), du Royaume-Uni (2,0%), de l'Allemagne (2,0%) et du Japon (1,5%).

Les années 2000

Le RNB d'Israël était de 150,8 milliards de dollars par an dans les années 2000, se classant au 39ème rang mondial. La part dans le monde était de 0,32% et de 1,2% en Asie.

Le revenu national brut par habitant en Israël était de 23155.2 dollars dans les années 2000, au 38ème rang mondial, à égalité avec Saint-Martin (22 951,4 de dollars), les Îles Turks-et-Caïcos (22 802,2 de dollars), l'Europe du Sud (22 784,1 de dollars). Le RNB par habitant en Israël était 3,2 fois supérieur le revenu national brut par habitant au Monde (7 165,2 US$), et 7,2 fois supérieur le RNB par habitant en Asie (3 199,2 US$).

La croissance du RNB en Israël était de 3.7% dans les années 2000, au 108ème rang mondial, à égalité avec le Kenya (3,7%), le Kosovo (3,7%). La croissance du RNB en Israël (3,7%) a été supérieure à celle du monde (3,0%), et inférieure à celle de l'Asie (5,3%).

Comparaison avec les voisins. Le RNB d'Israël était supérieur à celui de l'Égypte (111,7 milliards de dollars), de la Syrie (30,7 milliards de dollars), du Liban (22,9 milliards de dollars), de la Jordanie (14,2 milliards de dollars) et de la Palestine (5,6 milliards de dollars). Le RNB par habitant en Israël était supérieur à celui du Liban (5 113,6 de dollars), de la Jordanie (2 447,7 de dollars), de la Syrie (1 660,7 de dollars), de la Palestine (1 574,7 de dollars) et de l'Égypte (1 491,7 de dollars). La croissance du RNB en Israël était supérieure à celle de la Palestine (2,0%); mais inférieure à celle de la Jordanie (6,7%), de l'Égypte (5,0%), de la Syrie (4,9%) et du Liban (4,5%).

Comparaison avec les leaders. Le RNB d'Israël était inférieur à celui des États-Unis (12,7 billions de dollars), du Japon (4,8 billions de dollars), de l'Allemagne (2,8 billions de dollars), de la Chine (2,6 billions de dollars) et du Royaume-Uni (2,3 billions de dollars). Le revenu national brut par habitant en Israël était supérieur à celui de la Chine (1 950,5 de dollars); mais inférieur à celui des États-Unis (43 177,4 de dollars), du Royaume-Uni (38 514,5 de dollars), du Japon (37 144,2 de dollars) et de l'Allemagne (34 189,0 de dollars). La croissance du revenu national brut en Israël était supérieure à celle des États-Unis (1,8%), du Royaume-Uni (1,7%), de l'Allemagne (1,0%) et du Japon (0,62%); mais inférieure à celle de la Chine (10,4%).

Les années 2010

Le RNB d'Israël était de 306,1 milliards de dollars par an dans les années 2010, se situant au 37ème rang mondial à égalité avec la Malaisie (307,9 milliards de dollars), Hong Kong (309,7 milliards de dollars), l'Est (310,7 milliards de dollars). La part dans le monde était de 0,39% et de 1,1% en Asie.

Le RNB par habitant en Israël était de 38611.6 dollars dans les années 2010, se classant au 33ème rang mondial, à égalité avec la Nouvelle-Zélande (39 276,5 de dollars). Le revenu national brut par habitant en Israël était 3,6 fois supérieur le revenu national brut par habitant au Monde (10 611,7 US$), et 6,2 fois supérieur le revenu national brut par habitant en Asie (6 227,9 US$).

La croissance du revenu national brut en Israël était de 4% dans les années 2010, se situant au 78ème rang mondial, à égalité avec Maurice (4,0%), le Soudan (4,0%). La croissance du RNB en Israël (4,0%) a été supérieure à celle du monde (3,1%), et inférieure à celle de l'Asie (5,2%).

Comparaison avec les voisins. Le RNB d'Israël était 17,3% supérieur à celui de l'Égypte (260,9 milliards de dollars), 6,4 fois supérieur à celui du Liban (47,5 milliards de dollars), 8,6 fois supérieur à celui de la Jordanie (35,7 milliards de dollars), 8,8 fois supérieur à celui de la Syrie (34,8 milliards de dollars) et 19,7 fois supérieur à celui de la Palestine (15,5 milliards de dollars). Le RNB par habitant en Israël était 5,0 fois supérieur à celui du Liban (7 709,9 de dollars), 9,6 fois supérieur à celui de la Jordanie (4 002,9 de dollars), 11,2 fois supérieur à celui de la Palestine (3 457,2 de dollars), 13,5 fois supérieur à celui de l'Égypte (2 852,5 de dollars) et 20,8 fois supérieur à celui de la Syrie (1 852,5 de dollars). La croissance du RNB en Israël était supérieure à celle de l'Égypte (3,5%), de la Jordanie (2,2%), du Liban (1,4%) et de la Syrie (-9,7%); mais inférieure à celle de la Palestine (5,0%).

Comparaison avec les leaders. Le revenu national brut d'Israël était 59,8 fois inférieur à celui des États-Unis (18,3 billions de dollars), 34,2 fois inférieur à celui de la Chine (10,5 billions de dollars), 17,6 fois inférieur à celui du Japon (5,4 billions de dollars), 12,2 fois inférieur à celui de l'Allemagne (3,7 billions de dollars) et 9,0 fois inférieur à celui de la France (2,7 billions de dollars). Le RNB par habitant en Israël était 5,2 fois supérieur à celui de la Chine (7 463,8 de dollars); mais 32,6% inférieur à celui des États-Unis (57 299,9 de dollars), 15,7% inférieur à celui de l'Allemagne (45 801,3 de dollars), 8,5% inférieur à celui du Japon (42 204,7 de dollars) et 6,7% inférieur à celui de la France (41 404,4 de dollars). La croissance du RNB en Israël était supérieure à celle des États-Unis (2,5%), de l'Allemagne (2,0%), du Japon (1,4%) et de la France (1,4%); mais inférieure à celle de la Chine (7,7%).

Partie II. Structure

	Les années 2010
agriculture	1,4%
industrie	16,1%
construction	6,1%
commerce	11,7%
transport	12,1%
services	52,6%

Chapitre IV. Agriculture

Agriculture, chasse, sylviculture et pêche (ISIC A-B)

L'agriculture d'Israël est passé de 694,6 millions de dollars par an dans les années 1970 à 3,8 milliards de dollars par an dans les années 2010, c'est-à-dire 3,1 milliards de dollars ou de 5,5 fois. La variation a été de 2,8 milliards de dollars en raison de l'augmentation de 3,9 fois des prix, et de -729,7 millions de dollars en raison de la baisse de productivité de 1,8 fois, et de 1,0 milliards de dollars en raison de la croissance démographique. La croissance annuelle moyenne de l'agriculture était de 1,1%. La valeur minimale était de 361,7 millions de dollars en 1970. La valeur maximale était de 4,2 milliards de dollars en 2018.

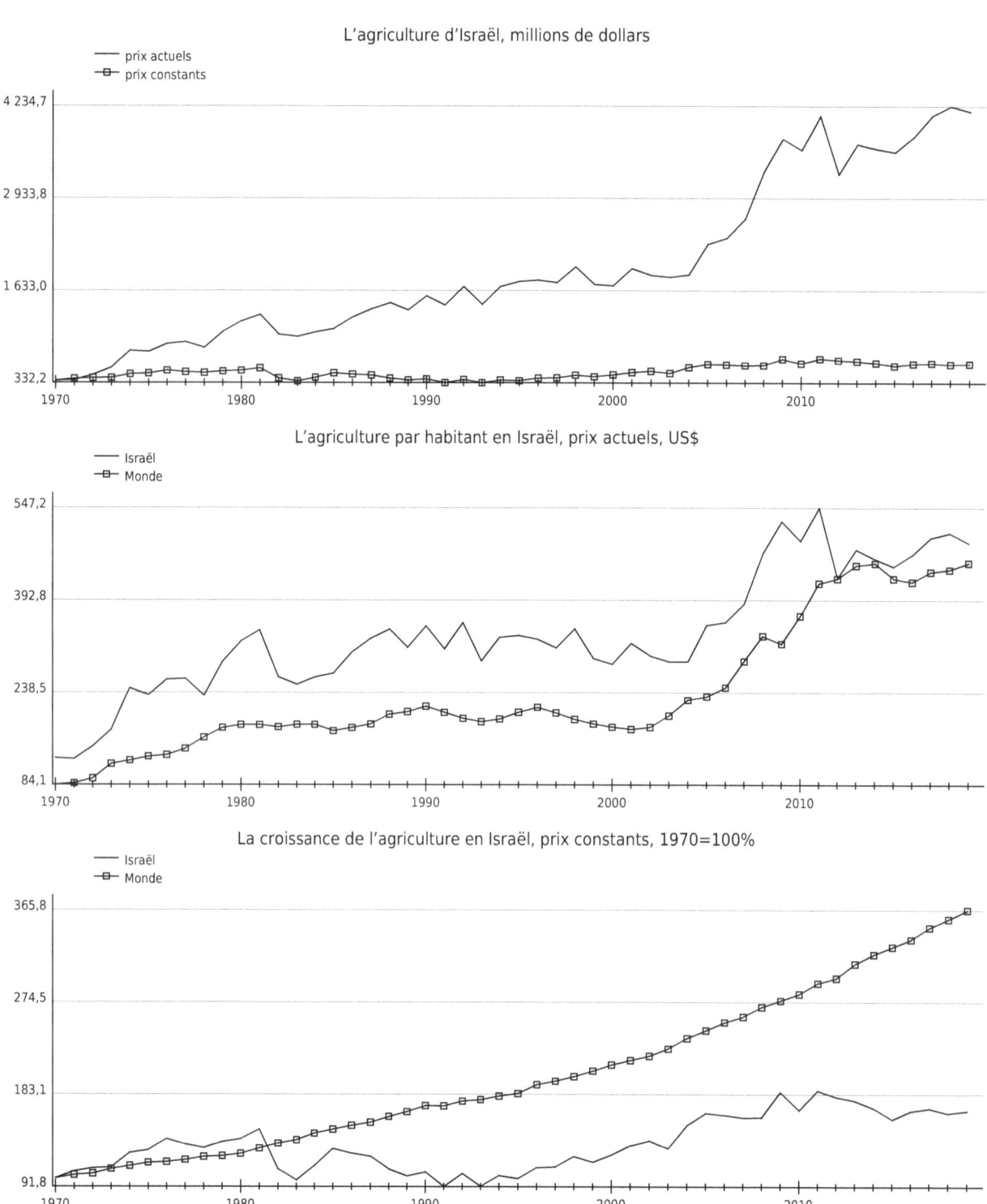

Chapitre IV. Agriculture

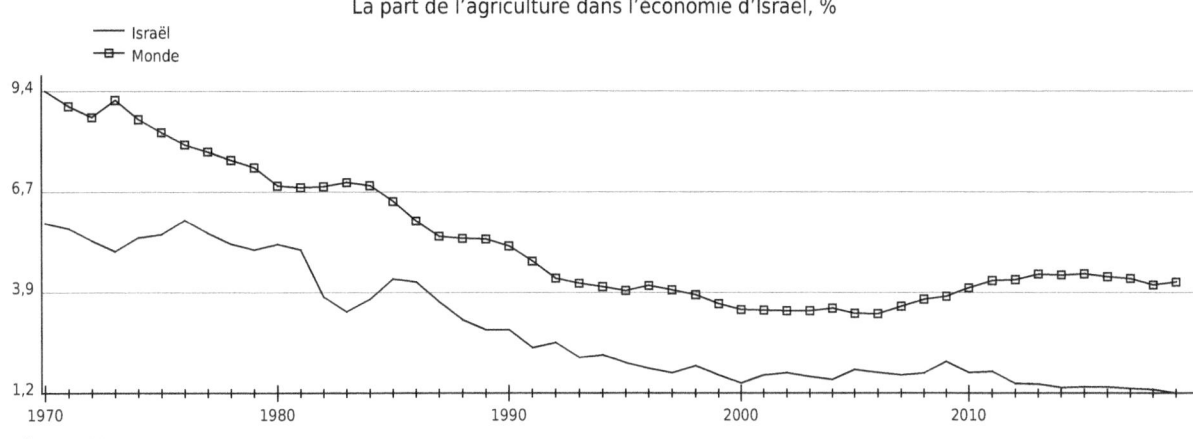
La part de l'agriculture dans l'économie d'Israël, %

Les années 1970

L'agriculture d'Israël était de 694,6 millions de dollars par an dans les années 1970, au 75ème rang mondial à égalité avec la Mélanésie (685,6 millions de dollars). La part dans le monde était de 0,13% et de 0,39% en Asie.

La part de l'agriculture dans l'économie d'Israël était de 5,4% dans les années 1970, se classant au 145ème rang mondial.

L'agriculture par habitant en Israël était de 214.8 dollars dans les années 1970, se classant au 39ème rang mondial, à égalité avec l'Équateur (215,6 de dollars), le Nigeria (215,8 de dollars), l'Uruguay (215,9 de dollars). L'agriculture par habitant en Israël était 68,3% supérieure l'agriculture par habitant au Monde (127,6 US$), et 2,8 fois supérieure l'agriculture par habitant en Asie (76,7 US$).

La croissance de l'agriculture en Israël était de 3.5% dans les années 1970, au 76ème rang mondial, à égalité avec les Bermudes (3,5%), l'Afrique du Sud (3,5%), le Danemark (3,5%). La croissance de l'agriculture en Israël (3,5%) a été supérieure à celle du monde (2,2%), et supérieure à celle de l'Asie (2,0%).

Comparaison avec les voisins. La valeur de l'agriculture en Israël était supérieure à celle du Liban (127,4 millions de dollars), de la Jordanie (103,3 millions de dollars) et de la Palestine (64,3 millions de dollars); mais inférieure à celle de l'Égypte (3,4 milliards de dollars) et de la Syrie (960,2 millions de dollars). L'agriculture par habitant en Israël était supérieure à celle de la Syrie (129,1 de dollars), de l'Égypte (89,4 de dollars), de la Jordanie (50,9 de dollars), du Liban (50,9 de dollars) et de la Palestine (49,6 de dollars). La croissance de l'agriculture en Israël était supérieure à celle de l'Égypte (2,4%) et du Liban (-3,1%); mais inférieure à celle de la Palestine (8,0%), de la Syrie (7,5%) et de la Jordanie (3,6%).

Comparaison avec les leaders. L'agriculture d'Israël était inférieure à celle de l'URSS (88,7 milliards de dollars), de la Chine (49,5 milliards de dollars), des États-Unis (42,6 milliards de dollars), de l'Inde (36,0 milliards de dollars) et du Japon (25,8 milliards de dollars). L'agriculture par habitant en Israël était supérieure à celle des États-Unis (195,0 de dollars), de l'Inde (58,3 de dollars) et de la Chine (54,2 de dollars); mais inférieure à celle de l'URSS (351,8 de dollars) et du Japon (231,3 de dollars). La croissance de l'agriculture en Israël était supérieure à celle de la Chine (2,4%), du Japon (0,52%), des États-Unis (0,34%) et de l'Inde (0,30%); mais inférieure à celle de l'URSS (7,0%).

Les années 1980

La valeur ajoutée de l'agriculture en Israël était de 1,2 milliards de dollars par an dans les années 1980, se situant au 74ème rang mondial. La part dans le monde était de 0,13% et de 0,35% en Asie.

La part de l'agriculture dans l'économie d'Israël était de 3,8% dans les années 1980, se classant au 150ème rang mondial, à égalité avec l'Autriche (3,8%).

L'agriculture par habitant en Israël était de 301.3 dollars dans les années 1980, se classant au 45ème rang mondial, à égalité avec la Roumanie (301,9 de dollars), l'Uruguay (303,0 de dollars), le Luxembourg (303,2 de dollars). L'agriculture par habitant en Israël était 61,5% supérieure l'agriculture par habitant au Monde (186,6 US$), et 2,5 fois supérieure l'agriculture par habitant en Asie (122,8 US$).

La croissance de l'Agriculture en Israël était de -2.8% dans les années 1980, se situant au 176ème rang mondial, à égalité avec le Nicaragua (-2,8%). La croissance de l'agriculture en Israël (-2,8%) a été inférieure à celle du monde (3,1%), et inférieure à celle de l'Asie (3,8%).

Comparaison avec les voisins. Le secteur de l'agriculture en Israël était supérieur à celui de la Jordanie (318,6 millions de dollars), de la Palestine (166,6 millions de dollars) et du Liban (128,0 millions de dollars); mais inférieur à celui de l'Égypte (4,3 milliards de dollars) et de la Syrie (3,0 milliards de dollars). L'agriculture par habitant en Israël était supérieure à celle de la Syrie (289,8 de dollars), de la Jordanie (111,5 de dollars), de la Palestine (95,5 de dollars), de l'Égypte (88,1 de dollars) et du Liban (48,4 de dollars). La croissance de l'agriculture en Israël était supérieure à celle du Liban (-4,3%); mais inférieure à celle de l'Égypte (3,3%), de la Palestine (3,2%), de la Syrie (1,5%) et de la Jordanie (1,1%).

Comparaison avec les leaders. L'agriculture d'Israël était inférieure à celle de l'URSS (125,8 milliards de dollars), de la Chine (94,9 milliards de dollars), de l'Inde (70,4 milliards de dollars), des États-Unis (68,7 milliards de dollars) et du Japon (49,7 milliards de dollars). L'agriculture par habitant en Israël était supérieure à celle des États-Unis (286,8 de dollars), de l'Inde (90,7 de dollars) et de la Chine (88,5 de dollars); mais inférieure à celle de l'URSS (457,2 de dollars) et du Japon (410,0 de dollars). La croissance de l'agriculture en Israël était inférieure à celle de la Chine (5,3%), de l'Inde (4,4%), des États-Unis (3,7%), de l'URSS (2,8%) et du Japon (0,41%).

Les années 1990

La valeur ajoutée de l'agriculture en Israël était de 1,7 milliards de dollars par an dans les années 1990, au 79ème rang mondial à égalité avec l'Irak (1,7 milliards de dollars), l'Afghanistan (1,6 milliards de dollars), la Géorgie (1,7 milliards de dollars). La part dans le monde était de 0,15% et de 0,32% en Asie.

La part de l'agriculture dans l'économie d'Israël était de 2,1% dans les années 1990, se classant au 180ème rang mondial.

L'agriculture par habitant en Israël était de 324.7 dollars dans les années 1990, au 52ème rang mondial, à égalité avec d'Anguilla (322,5 de dollars), les Bahamas (320,2 de dollars), la Nouvelle-Calédonie (319,9 de dollars). L'agriculture par habitant en Israël était 62,5% supérieure l'agriculture par habitant au Monde (199,8 US$), et 2,1 fois supérieure l'agriculture par habitant en Asie (151,6 US$).

La croissance de l'agriculture en Israël était de 1.2% dans les années 1990, au 121ème rang mondial, à égalité avec le Lesotho (1,2%), Malte (1,2%), le Botswana (1,2%). La croissance de l'agriculture en Israël (1,2%) a été inférieure à celle du monde (2,2%), et inférieure à celle de l'Asie (3,2%).

Comparaison avec les voisins. L'agriculture d'Israël était supérieure à celle du Liban (477,4 millions de dollars), de la Palestine (372,9 millions de dollars) et de la Jordanie (316,3 millions de dollars); mais inférieure à celle de l'Égypte (9,3 milliards de dollars) et de la Syrie (4,1 milliards de dollars). L'agriculture par habitant en Israël était supérieure à celle de la Syrie (290,2 de dollars), de l'Égypte (151,0 de dollars), de la Palestine (144,4 de dollars), du Liban (141,7 de dollars) et de la Jordanie (71,8 de dollars). La croissance de l'agriculture en Israël était supérieure à celle de la Jordanie (-0,16%); mais inférieure à celle du Liban (14,2%), de la Palestine (8,0%), de la Syrie (6,9%) et de l'Égypte (3,2%).

Comparaison avec les leaders. Le secteur de l'agriculture en Israël était inférieur à celui de la Chine (139,0 milliards de dollars), des États-Unis (96,1 milliards de dollars), de l'Inde (91,4 milliards de dollars), du Japon (78,9 milliards de dollars) et du Brésil (36,8 milliards de dollars). L'agriculture par habitant en Israël était supérieure à celle du Brésil (228,7 de dollars), de la Chine (112,7 de dollars) et de l'Inde (95,6 de dollars); mais inférieure à celle du Japon (625,5 de dollars) et des États-Unis (363,4 de dollars). La croissance de l'agriculture en Israël était supérieure à celle du Japon (-1,8%); mais inférieure à celle de la Chine (4,3%), du Brésil (3,0%), de l'Inde (2,8%) et des États-Unis (2,6%).

Les années 2000

La valeur de l'agriculture en Israël était de 2,4 milliards de dollars par an dans les années 2000, se situant au 74ème rang mondial à égalité avec l'Irlande (2,3 milliards de dollars), la Serbie (2,3 milliards de dollars). La part dans le monde était de 0,15% et de 0,29% en Asie.

La part de l'agriculture dans l'économie d'Israël était de 1,7% dans les années 2000, se classant au 173ème rang mondial.

L'agriculture par habitant en Israël était de 361.9 dollars dans les années 2000, au 53ème rang mondial, à égalité avec l'Asie de l'Ouest (358,2 de dollars), d'Anguilla (369,6 de dollars). L'agriculture par habitant en Israël était 50,6% supérieure l'agriculture par habitant au Monde (240,3 US$), et 78,8% supérieure l'agriculture par habitant en Asie (202,4 US$).

La croissance de l'agriculture en Israël était de 4.8% dans les années 2000, se situant au 28ème rang mondial. La croissance de l'agriculture en Israël (4,8%) a été supérieure à celle du monde (3,0%), et supérieure à celle de l'Asie (3,1%).

Chapitre IV. Agriculture

Comparaison avec les voisins. Le secteur de l'agriculture en Israël était supérieur à celui du Liban (952,2 millions de dollars), de la Palestine (497,2 millions de dollars) et de la Jordanie (422,5 millions de dollars); mais inférieur à celui de l'Égypte (14,3 milliards de dollars) et de la Syrie (6,9 milliards de dollars). L'agriculture par habitant en Israël était supérieure à celle du Liban (212,6 de dollars), de l'Égypte (191,1 de dollars), de la Palestine (139,4 de dollars) et de la Jordanie (72,7 de dollars); mais inférieure à celle de la Syrie (374,6 de dollars). La croissance de l'agriculture en Israël était supérieure à celle de la Palestine (4,3%), de l'Égypte (3,6%), de la Syrie (2,7%) et du Liban (0,34%); mais inférieure à celle de la Jordanie (8,9%).

Comparaison avec les leaders. La valeur ajoutée de l'agriculture en Israël était inférieure à celle de la Chine (297,7 milliards de dollars), de l'Inde (147,6 milliards de dollars), des États-Unis (122,5 milliards de dollars), du Japon (57,1 milliards de dollars) et du Nigeria (47,6 milliards de dollars). L'agriculture par habitant en Israël était supérieure à celle du Nigeria (346,4 de dollars), de la Chine (224,5 de dollars) et de l'Inde (129,7 de dollars); mais inférieure à celle du Japon (445,6 de dollars) et des États-Unis (416,9 de dollars). La croissance de l'agriculture en Israël était supérieure à celle de la Chine (4,0%), des États-Unis (3,6%), de l'Inde (2,0%) et du Japon (-1,3%); mais inférieure à celle du Nigeria (10,1%).

Les années 2010

L'agriculture d'Israël était de 3,8 milliards de dollars par an dans les années 2010, se situant au 78ème rang mondial à égalité avec la République dominicaine (3,8 milliards de dollars), la Papouasie-Nouvelle-Guinée (3,9 milliards de dollars). La part dans le monde était de 0,12% et de 0,20% en Asie.

La part de l'agriculture dans l'économie d'Israël était de 1,4% dans les années 2010, au 176ème rang mondial.

L'agriculture par habitant en Israël était de 481.8 dollars dans les années 2010, au 63ème rang mondial, à égalité avec le Kazakhstan (481,8 de dollars), la Biélorussie (482,1 de dollars), la Grenade (481,5 de dollars). L'agriculture par habitant en Israël était 11,5% supérieure l'agriculture par habitant au Monde (432,1 US$), et 10,3% supérieure l'agriculture par habitant en Asie (436,7 US$).

La croissance de l'agriculture en Israël était de -1% dans les années 2010, se classant au 179ème rang mondial. La croissance de l'agriculture en Israël (-1,0%) a été inférieure à celle du monde (2,9%), et inférieure à celle de l'Asie (3,3%).

Comparaison avec les voisins. La valeur ajoutée de l'agriculture en Israël était 2,1 fois supérieure à celle du Liban (1,8 milliards de dollars), 2,5 fois supérieure à celle de la Jordanie (1,5 milliards de dollars) et 3,6 fois supérieure à celle de la Palestine (1,1 milliards de dollars); mais 8,1 fois inférieure à celle de l'Égypte (31,0 milliards de dollars) et 39,0% inférieure à celle de la Syrie (6,3 milliards de dollars). L'agriculture par habitant en Israël était 42,2% supérieure à celle de l'Égypte (338,9 de dollars), 44,6% supérieure à celle de la Syrie (333,3 de dollars), 67,1% supérieure à celle du Liban (288,4 de dollars), 2,0 fois supérieure à celle de la Palestine (238,2 de dollars) et 2,8 fois supérieure à celle de la Jordanie (173,6 de dollars). La croissance de l'agriculture en Israël était supérieure à celle de la Syrie (-3,8%); mais inférieure à celle du Liban (5,4%), de l'Égypte (3,1%), de la Jordanie (2,4%) et de la Palestine (0,017%).

Comparaison avec les leaders. La valeur ajoutée de l'agriculture en Israël était 232,0 fois inférieure à celle de la Chine (886,2 milliards de dollars), 95,1 fois inférieure à celle de l'Inde (363,4 milliards de dollars), 47,2 fois inférieure à celle des États-Unis (180,3 milliards de dollars), 32,5 fois inférieure à celle de l'Indonésie (124,1 milliards de dollars) et 25,1 fois inférieure à celle du Nigeria (95,8 milliards de dollars). L'agriculture par habitant en Israël était 72,6% supérieure à celle de l'Inde (279,1 de dollars); mais 23,8% inférieure à celle de la Chine (631,9 de dollars), 14,6% inférieure à celle des États-Unis (564,3 de dollars), 9,9% inférieure à celle du Nigeria (534,6 de dollars) et 0,36% inférieure à celle de l'Indonésie (483,6 de dollars). La croissance de l'agriculture en Israël était inférieure à celle de l'Inde (4,1%), de l'Indonésie (3,9%), de la Chine (3,8%), du Nigeria (3,6%) et des États-Unis (2,0%).

Chapitre V. Industrie

Exploitation minière, fabrication, services publics (ISIC C-E)

La valeur de l'industrie en Israël est passé de 3,1 milliards de dollars par an dans les années 1970 à 44,8 milliards de dollars par an dans les années 2010, c'est-à-dire 41,7 milliards de dollars ou de 14,3 fois. La variation a été de 35,0 milliards de dollars en raison de l'augmentation de 4,5 fois des prix, et de 2,2 milliards de dollars en raison de la croissance de productivité de 1,3 fois, et de 4,6 milliards de dollars en raison de la croissance démographique. La croissance annuelle moyenne de l'industrie était de 2,8%. La valeur minimale était de 1,7 milliards de dollars en 1970. La valeur maximale était de 52,1 milliards de dollars en 2019.

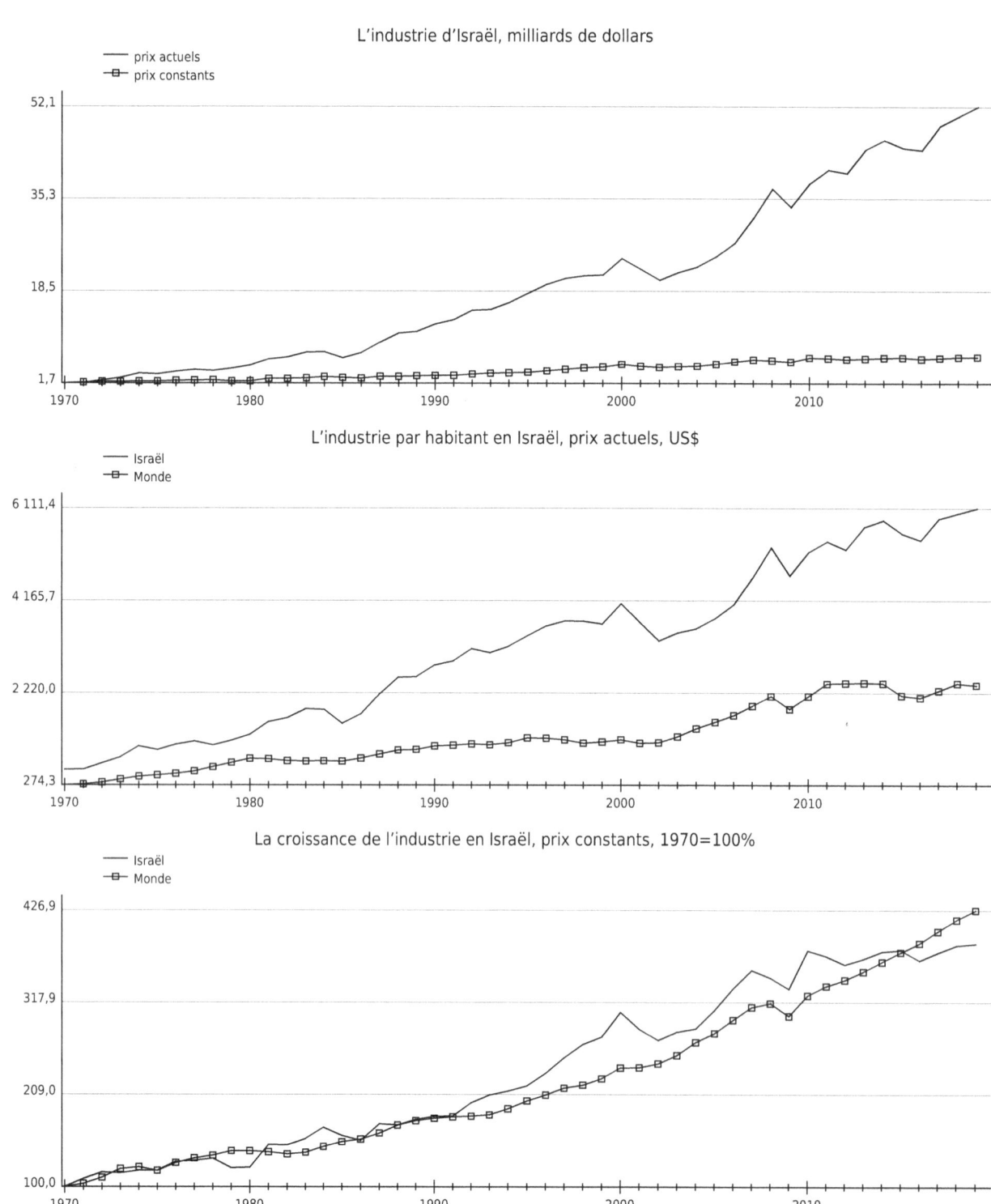

Chapitre V. Industrie

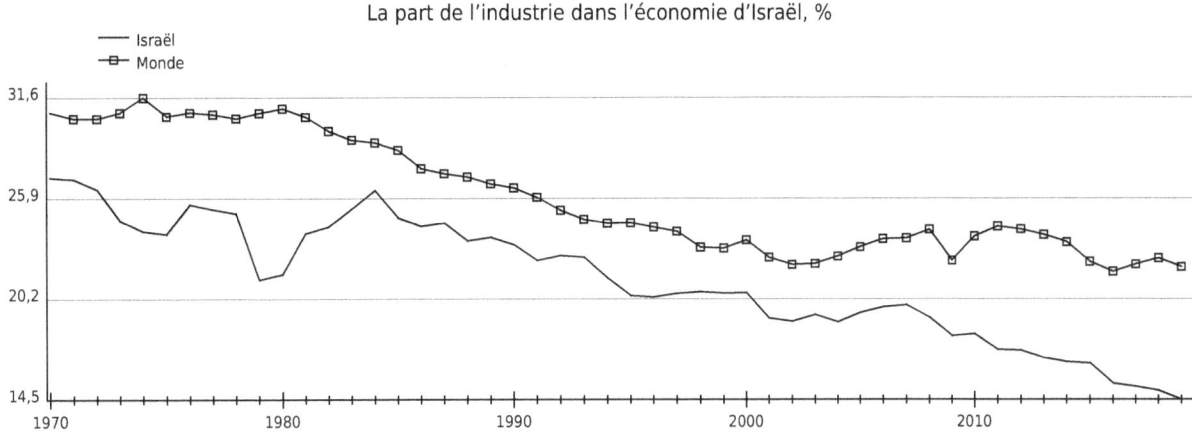

La part de l'industrie dans l'économie d'Israël, %

Les années 1970

Le secteur de l'industrie en Israël était de 3,1 milliards de dollars par an dans les années 1970, se classant au 52ème rang mondial à égalité avec la Malaisie (3,2 milliards de dollars), le Pérou (3,2 milliards de dollars). La part dans le monde était de 0,16% et de 0,78% en Asie.

La part de l'industrie dans l'économie d'Israël était de 24,6% dans les années 1970, se classant au 81ème rang mondial, à égalité avec l'Uruguay (24,7%).

L'industrie par habitant en Israël était de 972.8 dollars dans les années 1970, se classant au 37ème rang mondial, à égalité avec Trinité-et-Tobago (960,3 de dollars), l'URSS (986,6 de dollars). L'industrie par habitant en Israël était 2,0 fois supérieure l'industrie par habitant au Monde (480,5 US$), et 5,6 fois supérieure l'industrie par habitant en Asie (173,9 US$).

La croissance de l'industrie en Israël était de 2.2% dans les années 1970, se situant au 144ème rang mondial. La croissance de l'industrie en Israël (2,2%) a été inférieure à celle du monde (4,0%), et inférieure à celle de l'Asie (5,7%).

Comparaison avec les voisins. L'industrie d'Israël était supérieure à celle de l'Égypte (2,7 milliards de dollars), de la Syrie (1,0 milliards de dollars), du Liban (646,6 millions de dollars), de la Jordanie (191,4 millions de dollars) et de la Palestine (99,7 millions de dollars). L'industrie par habitant en Israël était supérieure à celle du Liban (258,1 de dollars), de la Syrie (138,2 de dollars), de la Jordanie (94,4 de dollars), de la Palestine (76,9 de dollars) et de l'Égypte (70,0 de dollars). La croissance de l'industrie en Israël était supérieure à celle du Liban (-3,0%); mais inférieure à celle de l'Égypte (9,5%), de la Palestine (8,0%), de la Jordanie (5,9%) et de la Syrie (4,8%).

Comparaison avec les leaders. Le secteur de l'industrie en Israël était inférieur à celui des États-Unis (450,4 milliards de dollars), de l'URSS (248,8 milliards de dollars), du Japon (185,6 milliards de dollars), de l'Allemagne (158,4 milliards de dollars) et du Royaume-Uni (72,6 milliards de dollars). L'industrie par habitant en Israël était inférieure à celle des États-Unis (2 063,8 de dollars), de l'Allemagne (2 011,9 de dollars), du Japon (1 666,5 de dollars), du Royaume-Uni (1 295,1 de dollars) et de l'URSS (986,6 de dollars). La croissance de l'industrie en Israël était supérieure à celle de l'Allemagne (2,1%) et du Royaume-Uni (1,9%); mais inférieure à celle de l'URSS (5,2%), du Japon (4,5%) et des États-Unis (2,4%).

Les années 1980

La valeur ajoutée de l'industrie en Israël était de 7,7 milliards de dollars par an dans les années 1980, se situant au 50ème rang mondial. La part dans le monde était de 0,18% et de 0,71% en Asie.

La part de l'industrie dans l'économie d'Israël était de 24,2% dans les années 1980, se classant au 83ème rang mondial, à égalité avec l'Amérique septentrionale (24,2%), le Burkina Faso (24,1%), le Luxembourg (24,4%).

L'industrie par habitant en Israël était de 1918.8 dollars dans les années 1980, se classant au 33ème rang mondial, à égalité avec Singapour (1 904,4 de dollars), l'Europe (1 933,8 de dollars). L'industrie par habitant en Israël était 2,2 fois supérieure l'industrie par habitant au Monde (861,8 US$), et 5,0 fois supérieure l'industrie par habitant en Asie (380,7 US$).

La croissance de l'industrie en Israël était de 3.9% dans les années 1980, se classant au 65ème rang mondial, à égalité avec le Sénégal (3,9%), le Kenya (3,9%). La croissance de l'industrie en Israël (3,9%) a été supérieure à celle du monde (2,3%), et supérieure à celle de l'Asie (3,5%).

Comparaison avec les voisins. La valeur de l'industrie en Israël était supérieure à celle de l'Égypte (5,5 milliards de dollars), de la Syrie (2,3 milliards de dollars), de la Jordanie (1,0 milliards de dollars), du Liban (702,2 millions de dollars) et de la Palestine (258,1 millions de dollars). L'industrie par habitant en Israël était supérieure à celle de la Jordanie (356,9 de dollars), du Liban (265,6 de dollars), de la Syrie (220,1 de dollars), de la Palestine (148,0 de dollars) et de l'Égypte (113,7 de dollars). La croissance de l'industrie en Israël était supérieure à celle de la Palestine (3,3%) et du Liban (-4,3%); mais inférieure à celle de la Syrie (7,1%), de la Jordanie (6,7%) et de l'Égypte (6,4%).

Comparaison avec les leaders. L'industrie d'Israël était inférieure à celle des États-Unis (1,0 billions de dollars), du Japon (566,4 milliards de dollars), de l'URSS (305,7 milliards de dollars), de l'Allemagne (297,5 milliards de dollars) et du Royaume-Uni (171,2 milliards de dollars). L'industrie par habitant en Israël était supérieure à celle de l'URSS (1 110,8 de dollars); mais inférieure à celle du Japon (4 670,2 de dollars), des États-Unis (4 176,6 de dollars), de l'Allemagne (3 812,7 de dollars) et du Royaume-Uni (3 032,7 de dollars). La croissance de l'industrie en Israël était supérieure à celle des États-Unis (1,9%), du Royaume-Uni (1,4%) et de l'Allemagne (1,2%); mais inférieure à celle de l'URSS (5,3%) et du Japon (4,2%).

Les années 1990

La valeur de l'industrie en Israël était de 17,3 milliards de dollars par an dans les années 1990, se situant au 44ème rang mondial à égalité avec le Chili (17,1 milliards de dollars), l'Algérie (17,7 milliards de dollars). La part dans le monde était de 0,26% et de 0,78% en Asie.

La part de l'industrie dans l'économie d'Israël était de 21,2% dans les années 1990, se situant au 112ème rang mondial, à égalité avec le Monténégro (21,3%), la Guinée (21,2%), les Amériques (21,2%).

L'industrie par habitant en Israël était de 3358.5 dollars dans les années 1990, se classant au 29ème rang mondial, à égalité avec l'Arabie saoudite (3 299,3 de dollars). L'industrie par habitant en Israël était 2,9 fois supérieure l'industrie par habitant au Monde (1 175,6 US$), et 5,3 fois supérieure l'industrie par habitant en Asie (639,7 US$).

La croissance de l'industrie en Israël était de 4.4% dans les années 1990, se classant au 62ème rang mondial. La croissance de l'industrie en Israël (4,4%) a été supérieure à celle du monde (2,5%), et inférieure à celle de l'Asie (5,5%).

Comparaison avec les voisins. Le secteur de l'industrie en Israël était supérieur à celui de l'Égypte (16,7 milliards de dollars), de la Syrie (2,8 milliards de dollars), du Liban (2,6 milliards de dollars), de la Jordanie (1,2 milliards de dollars) et de la Palestine (545,6 millions de dollars). L'industrie par habitant en Israël était supérieure à celle du Liban (780,8 de dollars), de l'Égypte (270,7 de dollars), de la Jordanie (269,5 de dollars), de la Palestine (211,3 de dollars) et de la Syrie (198,6 de dollars). La croissance de l'industrie en Israël était supérieure à celle de l'Égypte (3,5%); mais inférieure à celle du Liban (11,1%), de la Syrie (8,0%), de la Palestine (6,5%) et de la Jordanie (5,2%).

Comparaison avec les leaders. La valeur ajoutée de l'industrie en Israël était inférieure à celle des États-Unis (1,5 billions de dollars), du Japon (1,2 billions de dollars), de l'Allemagne (534,0 milliards de dollars), de la Chine (285,9 milliards de dollars) et du Royaume-Uni (268,6 milliards de dollars). L'industrie par habitant en Israël était supérieure à celle de la Chine (231,9 de dollars); mais inférieure à celle du Japon (9 400,9 de dollars), de l'Allemagne (6 621,6 de dollars), des États-Unis (5 704,4 de dollars) et du Royaume-Uni (4 639,8 de dollars). La croissance de l'industrie en Israël était supérieure à celle des États-Unis (2,8%), du Japon (1,3%), du Royaume-Uni (1,2%) et de l'Allemagne (0,33%); mais inférieure à celle de la Chine (13,1%).

Les années 2000

La valeur ajoutée de l'industrie en Israël était de 26,7 milliards de dollars par an dans les années 2000, se situant au 51ème rang mondial à égalité avec la Roumanie (26,4 milliards de dollars). La part dans le monde était de 0,26% et de 0,71% en Asie.

La part de l'industrie dans l'économie d'Israël était de 19,3% dans les années 2000, se classant au 111ème rang mondial, à égalité avec la Nouvelle-Zélande (19,3%).

L'industrie par habitant en Israël était de 4094.5 dollars dans les années 2000, se classant au 40ème rang mondial, à égalité avec l'Espagne (4 104,7 de dollars), la Nouvelle-Calédonie (4 153,9 de dollars), l'Europe (4 000,9 de dollars). L'industrie par habitant en Israël était 2,6 fois supérieure l'industrie par habitant au Monde (1 573,8 US$), et 4,3 fois supérieure l'industrie par habitant en Asie (951,8 US$).

La croissance de l'industrie en Israël était de 1.9% dans les années 2000, se classant au 120ème rang mondial, à égalité avec

Chapitre V. Industrie

l'Australasie (1,9%), le Liechtenstein (1,9%), le Panama (1,9%). La croissance de l'industrie en Israël (1,9%) a été inférieure à celle du monde (2,9%), et inférieure à celle de l'Asie (5,7%).

Comparaison avec les voisins. La valeur ajoutée de l'industrie en Israël était supérieure à celle de la Syrie (8,9 milliards de dollars), du Liban (3,3 milliards de dollars), de la Jordanie (3,3 milliards de dollars) et de la Palestine (759,6 millions de dollars); mais inférieure à celle de l'Égypte (33,8 milliards de dollars). L'industrie par habitant en Israël était supérieure à celle du Liban (731,1 de dollars), de la Jordanie (560,5 de dollars), de la Syrie (480,5 de dollars), de l'Égypte (450,6 de dollars) et de la Palestine (212,9 de dollars). La croissance de l'industrie en Israël était supérieure à celle de la Syrie (0,54%); mais inférieure à celle de la Jordanie (7,8%), de l'Égypte (5,0%), du Liban (4,0%) et de la Palestine (2,8%).

Comparaison avec les leaders. La valeur ajoutée de l'industrie en Israël était inférieure à celle des États-Unis (2,1 billions de dollars), du Japon (1,1 billions de dollars), de la Chine (1,1 billions de dollars), de l'Allemagne (629,4 milliards de dollars) et du Royaume-Uni (345,1 milliards de dollars). L'industrie par habitant en Israël était supérieure à celle de la Chine (795,3 de dollars); mais inférieure à celle du Japon (8 848,8 de dollars), de l'Allemagne (7 732,1 de dollars), des États-Unis (7 144,5 de dollars) et du Royaume-Uni (5 710,8 de dollars). La croissance de l'industrie en Israël était supérieure à celle des États-Unis (1,5%), de l'Allemagne (0,19%), du Japon (0,15%) et du Royaume-Uni (-1,1%); mais inférieure à celle de la Chine (11,1%).

Les années 2010

La valeur de l'industrie en Israël était de 44,8 milliards de dollars par an dans les années 2010, au 52ème rang mondial à égalité avec l'Est (44,9 milliards de dollars). La part dans le monde était de 0,26% et de 0,55% en Asie.

La part de l'industrie dans l'économie d'Israël était de 16,1% dans les années 2010, au 135ème rang mondial, à égalité avec la Lettonie (16,1%), les Pays-Bas (16,1%), l'Espagne (16,3%).

L'industrie par habitant en Israël était de 5656.4 dollars dans les années 2010, au 34ème rang mondial, à égalité avec la Tchéquie (5 648,9 de dollars). L'industrie par habitant en Israël était 2,4 fois supérieure l'industrie par habitant au Monde (2 320,9 US$), et 3,1 fois supérieure l'industrie par habitant en Asie (1 847,0 US$).

La croissance de l'industrie en Israël était de 1.5% dans les années 2010, se situant au 145ème rang mondial. La croissance de l'industrie en Israël (1,5%) a été inférieure à celle du monde (3,5%), et inférieure à celle de l'Asie (5,6%).

Comparaison avec les voisins. L'industrie d'Israël était 5,4 fois supérieure à celle de la Syrie (8,2 milliards de dollars), 5,5 fois supérieure à celle de la Jordanie (8,2 milliards de dollars), 9,0 fois supérieure à celle du Liban (5,0 milliards de dollars) et 24,0 fois supérieure à celle de la Palestine (1,9 milliards de dollars); mais 46,3% inférieure à celle de l'Égypte (83,6 milliards de dollars). L'industrie par habitant en Israël était 6,2 fois supérieure à celle de la Jordanie (915,8 de dollars), 6,2 fois supérieure à celle de l'Égypte (913,5 de dollars), 7,0 fois supérieure à celle du Liban (806,3 de dollars), 12,9 fois supérieure à celle de la Syrie (438,3 de dollars) et 13,6 fois supérieure à celle de la Palestine (415,7 de dollars). La croissance de l'industrie en Israël était supérieure à celle de l'Égypte (1,3%), du Liban (-0,41%) et de la Syrie (-7,1%); mais inférieure à celle de la Palestine (4,0%) et de la Jordanie (2,2%).

Comparaison avec les leaders. L'industrie d'Israël était 82,1 fois inférieure à celle de la Chine (3,7 billions de dollars), 61,1 fois inférieure à celle des États-Unis (2,7 billions de dollars), 26,5 fois inférieure à celle du Japon (1,2 billions de dollars), 18,7 fois inférieure à celle de l'Allemagne (840,0 milliards de dollars) et 9,9 fois inférieure à celle de l'Inde (443,4 milliards de dollars). L'industrie par habitant en Israël était 2,2 fois supérieure à celle de la Chine (2 626,2 de dollars) et 16,6 fois supérieure à celle de l'Inde (340,6 de dollars); mais 44,9% inférieure à celle de l'Allemagne (10 261,3 de dollars), 39,2% inférieure à celle du Japon (9 305,3 de dollars) et 34,1% inférieure à celle des États-Unis (8 581,2 de dollars). La croissance de l'industrie en Israël était inférieure à celle de la Chine (7,5%), de l'Inde (6,5%), de l'Allemagne (3,2%), du Japon (2,6%) et des États-Unis (2,2%).

Chapitre 5.1. Fabrication

(ISIC D)

Le secteur de l'industrie de transformation en Israël est passé de 2,7 milliards de dollars par an dans les années 1970 à 39,4 milliards de dollars par an dans les années 2010, c'est-à-dire 36,8 milliards de dollars ou de 14,8 fois. La variation a été de 30,8 milliards de dollars en raison de l'augmentation de 4,6 fois des prix, et de 2,1 milliards de dollars en raison de la croissance de productivité de 1,3 fois, et de 3,9 milliards de dollars en raison de la croissance démographique. La croissance annuelle moyenne de la fabrication était de 2,8%. La valeur minimale était de 1,5 milliards de dollars en 1970. La valeur maximale était de 45,3 milliards de dollars en 2019.

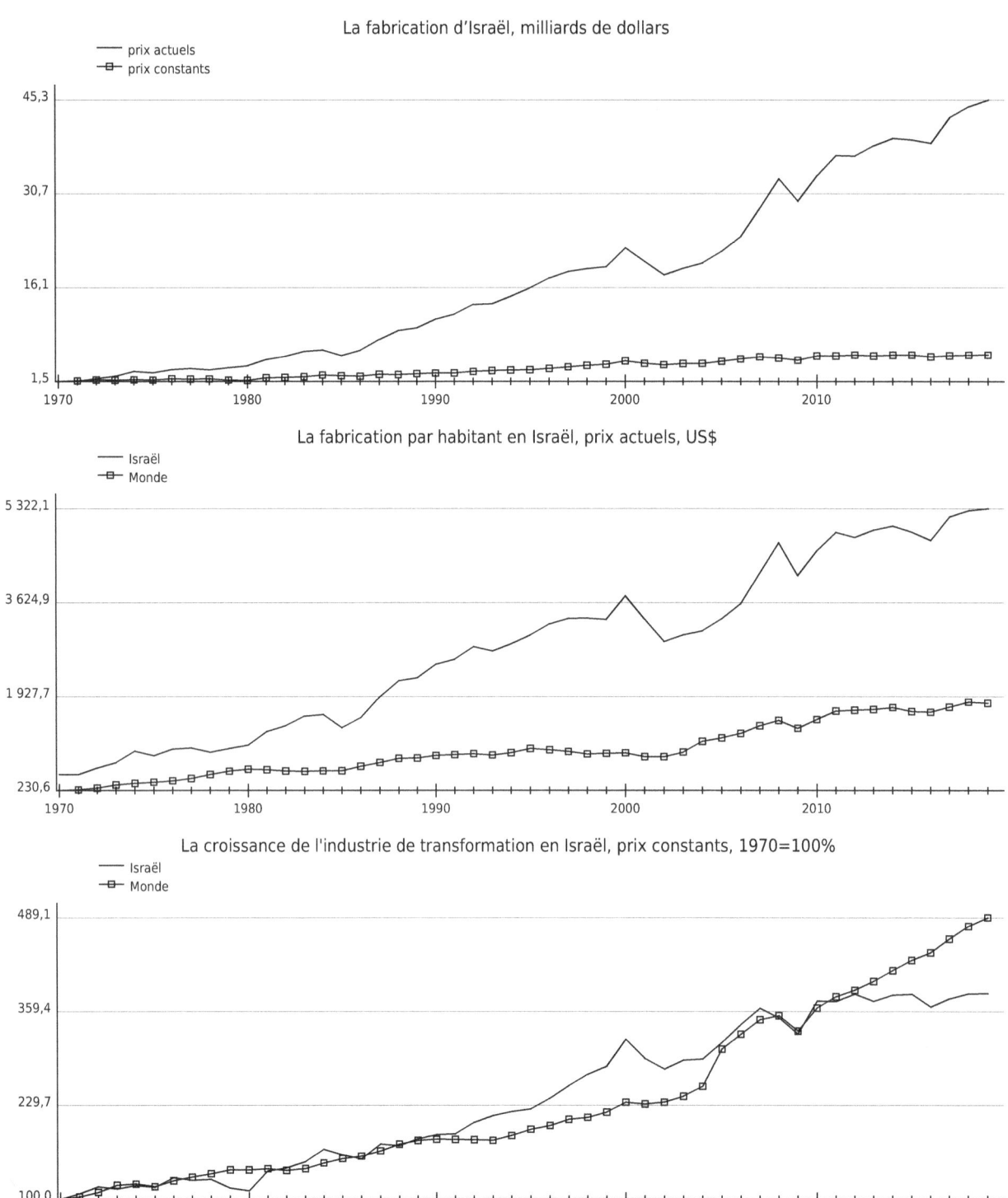

Chapitre 5.1. Fabrication

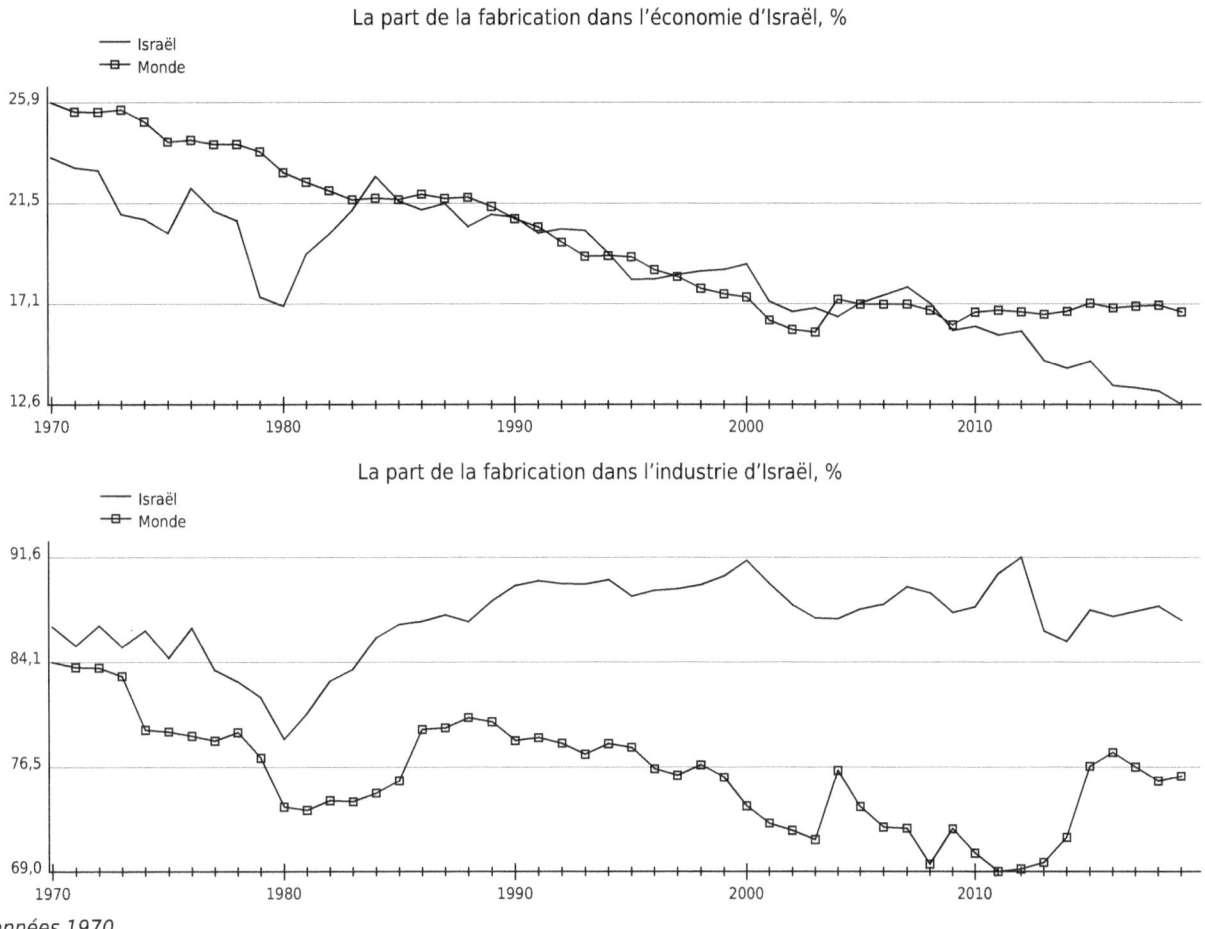

Les années 1970

La fabrication d'Israël était de 2,7 milliards de dollars par an dans les années 1970, au 42ème rang mondial. La part dans le monde était de 0,17% et de 1,1% en Asie.

La part de l'industrie de transformation dans l'économie d'Israël était de 20,7% dans les années 1970, se situant au 47ème rang mondial, à égalité avec l'Australasie (20,7%), l'Asie (20,6%).

La fabrication par habitant en Israël était de 822 dollars dans les années 1970, se classant au 27ème rang mondial. La fabrication par habitant en Israël était 2,1 fois supérieure la fabrication par habitant au Monde (383,2 US$), et 7,8 fois supérieure la fabrication par habitant en Asie (104,9 US$).

La croissance de la fabrication en Israël était de 1.6% dans les années 1970, au 157ème rang mondial. La croissance de la fabrication en Israël (1,6%) a été inférieure à celle du monde (3,8%), et inférieure à celle de l'Asie (5,6%).

Comparaison avec les voisins. Le secteur de la fabrication en Israël était supérieur à celui de l'Égypte (2,1 milliards de dollars), de la Syrie (517,4 millions de dollars), du Liban (319,7 millions de dollars), de la Jordanie (150,1 millions de dollars) et de la Palestine (83,7 millions de dollars). La fabrication par habitant en Israël était supérieure à celle du Liban (127,6 de dollars), de la Jordanie (74,0 de dollars), de la Syrie (69,6 de dollars), de la Palestine (64,6 de dollars) et de l'Égypte (54,2 de dollars). La croissance de l'industrie de transformation en Israël était supérieure à celle du Liban (-3,9%); mais inférieure à celle de la Palestine (8,0%), de la Syrie (4,0%), de la Jordanie (3,8%) et de l'Égypte (3,2%).

Comparaison avec les leaders. La fabrication d'Israël était inférieure à celle des États-Unis (378,0 milliards de dollars), de l'URSS (248,8 milliards de dollars), du Japon (169,3 milliards de dollars), de l'Allemagne (138,0 milliards de dollars) et de la France (64,5 milliards de dollars). La fabrication par habitant en Israël était inférieure à celle de l'Allemagne (1 752,1 de dollars), des États-Unis (1 731,8 de dollars), du Japon (1 520,6 de dollars), de la France (1 203,0 de dollars) et de l'URSS (986,6 de dollars). La croissance de l'industrie de transformation en Israël était inférieure à celle de l'URSS (5,2%), du Japon (4,5%), de la France (3,5%), des États-Unis (2,7%) et de l'Allemagne (2,1%).

Les années 1980

La fabrication d'Israël était de 6,6 milliards de dollars par an dans les années 1980, se situant au 42ème rang mondial à égalité avec le Portugal (6,5 milliards de dollars). La part dans le monde était de 0,21% et de 0,90% en Asie.

La part de la fabrication dans l'économie d'Israël était de 20,7% dans les années 1980, se situant au 48ème rang mondial, à égalité avec la Nouvelle-Calédonie (20,7%), la Malaisie (20,6%), les Caraïbes (20,6%).

La fabrication par habitant en Israël était de 1637.9 dollars dans les années 1980, se classant au 28ème rang mondial, à égalité avec l'Océanie (1 656,8 de dollars), la Nouvelle-Calédonie (1 662,4 de dollars), l'Europe (1 672,2 de dollars). La fabrication par habitant en Israël était 2,5 fois supérieure la fabrication par habitant au Monde (661,2 US$), et 6,4 fois supérieure la fabrication par habitant en Asie (256,6 US$).

La croissance de l'industrie de transformation en Israël était de 4.8% dans les années 1980, au 62ème rang mondial, à égalité avec le Kenya (4,8%), le Qatar (4,8%), le Rwanda (4,8%). La croissance de l'industrie de transformation en Israël (4,8%) a été supérieure à celle du monde (2,6%), et inférieure à celle de l'Asie (5,4%).

Comparaison avec les voisins. La valeur de l'industrie de transformation en Israël était supérieure à celle de l'Égypte (3,4 milliards de dollars), de la Syrie (1,1 milliards de dollars), de la Jordanie (819,6 millions de dollars), du Liban (296,1 millions de dollars) et de la Palestine (216,5 millions de dollars). La fabrication par habitant en Israël était supérieure à celle de la Jordanie (287,0 de dollars), de la Palestine (124,1 de dollars), du Liban (112,0 de dollars), de la Syrie (100,5 de dollars) et de l'Égypte (70,1 de dollars). La croissance de l'industrie de transformation en Israël était supérieure à celle de la Palestine (3,3%) et du Liban (-4,3%); mais inférieure à celle de l'Égypte (7,6%), de la Syrie (5,5%) et de la Jordanie (5,3%).

Comparaison avec les leaders. Le secteur de l'industrie de transformation en Israël était inférieur à celui des États-Unis (789,4 milliards de dollars), du Japon (501,0 milliards de dollars), de l'URSS (305,7 milliards de dollars), de l'Allemagne (258,7 milliards de dollars) et de l'Italie (134,1 milliards de dollars). La fabrication par habitant en Israël était supérieure à celle de l'URSS (1 110,8 de dollars); mais inférieure à celle du Japon (4 131,0 de dollars), de l'Allemagne (3 316,0 de dollars), des États-Unis (3 296,4 de dollars) et de l'Italie (2 359,9 de dollars). La croissance de la fabrication en Israël était supérieure à celle du Japon (4,4%), de l'Italie (2,5%), des États-Unis (1,9%) et de l'Allemagne (1,2%); mais inférieure à celle de l'URSS (5,3%).

Les années 1990

La valeur de la fabrication en Israël était de 15,5 milliards de dollars par an dans les années 1990, se situant au 35ème rang mondial à égalité avec le Venezuela (15,3 milliards de dollars). La part dans le monde était de 0,30% et de 0,98% en Asie.

La part de l'industrie de transformation dans l'économie d'Israël était de 19,0% dans les années 1990, au 58ème rang mondial, à égalité avec la Zambie (19,0%), le Monde (18,9%).

La fabrication par habitant en Israël était de 3009.5 dollars dans les années 1990, se classant au 24ème rang mondial. La fabrication par habitant en Israël était 3,3 fois supérieure la fabrication par habitant au Monde (908,4 US$), et 6,6 fois supérieure la fabrication par habitant en Asie (456,2 US$).

La croissance de la fabrication en Israël était de 4.5% dans les années 1990, au 59ème rang mondial, à égalité avec l'Asie de l'Ouest (4,4%), l'Afrique du Nord (4,4%). La croissance de la fabrication en Israël (4,5%) a été supérieure à celle du monde (2,0%), et supérieure à celle de l'Asie (3,5%).

Comparaison avec les voisins. La valeur ajoutée de l'industrie de transformation en Israël était supérieure à celle de l'Égypte (11,2 milliards de dollars), de la Jordanie (922,0 millions de dollars), de la Syrie (894,2 millions de dollars), du Liban (849,9 millions de dollars) et de la Palestine (448,1 millions de dollars). La fabrication par habitant en Israël était supérieure à celle du Liban (252,3 de dollars), de la Jordanie (209,2 de dollars), de l'Égypte (180,7 de dollars), de la Palestine (173,5 de dollars) et de la Syrie (63,0 de dollars). La croissance de l'industrie de transformation en Israël était inférieure à celle du Liban (11,4%), de la Jordanie (7,2%), de la Syrie (6,6%), de l'Égypte (6,2%) et de la Palestine (5,7%).

Comparaison avec les leaders. Le secteur de l'industrie de transformation en Israël était inférieur à celui des États-Unis (1,2 billions de dollars), du Japon (1,0 billions de dollars), de l'Allemagne (468,8 milliards de dollars), de l'Italie (227,8 milliards de dollars) et de la France (215,0 milliards de dollars). La fabrication par habitant en Israël était inférieure à celle du Japon (8 305,2 de dollars), de l'Allemagne (5 813,5 de dollars), des États-Unis (4 707,3 de dollars), de l'Italie (3 994,1 de dollars) et de la France (3 621,1 de dollars). La croissance de la fabrication en Israël était supérieure à celle des États-Unis (3,2%), de la France (2,4%), de l'Italie (1,2%),

Chapitre 5.1. Fabrication

du Japon (1,1%) et de l'Allemagne (0,26%).

Les années 2000

Le secteur de la fabrication en Israël était de 23,6 milliards de dollars par an dans les années 2000, se situant au 40ème rang mondial à égalité avec la Colombie (23,5 milliards de dollars), le Portugal (24,0 milliards de dollars), la Norvège (24,2 milliards de dollars). La part dans le monde était de 0,32% et de 0,91% en Asie.

La part de la fabrication dans l'économie d'Israël était de 17,1% dans les années 2000, se situant au 63ème rang mondial, à égalité avec la Côte d'Ivoire (17,1%), la Croatie (17,1%), la Belgique (17,2%).

La fabrication par habitant en Israël était de 3628.7 dollars dans les années 2000, au 28ème rang mondial, à égalité avec la Slovénie (3 621,7 de dollars). La fabrication par habitant en Israël était 3,2 fois supérieure la fabrication par habitant au Monde (1 138,1 US$), et 5,5 fois supérieure la fabrication par habitant en Asie (659,1 US$).

La croissance de l'industrie de transformation en Israël était de 1.5% dans les années 2000, se situant au 137ème rang mondial, à égalité avec le Venezuela (1,5%). La croissance de l'industrie de transformation en Israël (1,5%) a été inférieure à celle du monde (4,2%), et inférieure à celle de l'Asie (10,5%).

Comparaison avec les voisins. La fabrication d'Israël était supérieure à celle de l'Égypte (17,8 milliards de dollars), de la Jordanie (2,7 milliards de dollars), du Liban (1,7 milliards de dollars), de la Syrie (1,4 milliards de dollars) et de la Palestine (545,1 millions de dollars). La fabrication par habitant en Israël était supérieure à celle de la Jordanie (462,9 de dollars), du Liban (377,1 de dollars), de l'Égypte (238,2 de dollars), de la Palestine (152,8 de dollars) et de la Syrie (74,6 de dollars). La croissance de l'industrie de transformation en Israël était supérieure à celle de la Syrie (-5,6%); mais inférieure à celle de la Jordanie (9,4%), de l'Égypte (4,9%), du Liban (4,2%) et de la Palestine (3,1%).

Comparaison avec les leaders. La fabrication d'Israël était inférieure à celle des États-Unis (1,6 billions de dollars), de la Chine (1,1 billions de dollars), du Japon (992,9 milliards de dollars), de l'Allemagne (551,4 milliards de dollars) et de l'Italie (277,2 milliards de dollars). La fabrication par habitant en Israël était supérieure à celle de la Chine (815,3 de dollars); mais inférieure à celle du Japon (7 746,3 de dollars), de l'Allemagne (6 773,6 de dollars), des États-Unis (5 600,5 de dollars) et de l'Italie (4 780,8 de dollars). La croissance de la fabrication en Israël était supérieure à celle du Japon (0,32%), de l'Allemagne (0,097%) et de l'Italie (-1,3%); mais inférieure à celle des États-Unis (1,6%).

Les années 2010

La fabrication d'Israël était de 39,4 milliards de dollars par an dans les années 2010, se situant au 41ème rang mondial à égalité avec la Finlande (39,2 milliards de dollars), le Nigeria (39,9 milliards de dollars), la Roumanie (40,4 milliards de dollars). La part dans le monde était de 0,32% et de 0,64% en Asie.

La part de la fabrication dans l'économie d'Israël était de 14,2% dans les années 2010, au 73ème rang mondial, à égalité avec l'Europe du Sud (14,3%), la Belgique (14,1%).

La fabrication par habitant en Israël était de 4972.9 dollars dans les années 2010, se classant au 23ème rang mondial, à égalité avec l'Italie (4 919,3 de dollars). La fabrication par habitant en Israël était 2,9 fois supérieure la fabrication par habitant au Monde (1 697,4 US$), et 3,5 fois supérieure la fabrication par habitant en Asie (1 401,2 US$).

La croissance de l'industrie de transformation en Israël était de 1.6% dans les années 2010, se classant au 147ème rang mondial. La croissance de la fabrication en Israël (1,6%) a été inférieure à celle du monde (3,9%), et inférieure à celle de l'Asie (6,0%).

Comparaison avec les voisins. Le secteur de la fabrication en Israël était 5,8 fois supérieur à celui de la Jordanie (6,8 milliards de dollars), 10,7 fois supérieur à celui du Liban (3,7 milliards de dollars), 25,1 fois supérieur à celui de la Palestine (1,6 milliards de dollars) et 27,5 fois supérieur à celui de la Syrie (1,4 milliards de dollars); mais 8,9% inférieur à celui de l'Égypte (43,3 milliards de dollars). La fabrication par habitant en Israël était 6,5 fois supérieure à celle de la Jordanie (759,2 de dollars), 8,3 fois supérieure à celle du Liban (599,6 de dollars), 10,5 fois supérieure à celle de l'Égypte (473,1 de dollars), 14,3 fois supérieure à celle de la Palestine (348,6 de dollars) et 65,1 fois supérieure à celle de la Syrie (76,4 de dollars). La croissance de la fabrication en Israël était supérieure à celle du Liban (-0,78%) et de la Syrie (-6,9%); mais inférieure à celle de la Palestine (4,7%), de l'Égypte (2,5%) et de la Jordanie (1,8%).

Comparaison avec les leaders. La fabrication d'Israël était 79,0 fois inférieure à celle de la Chine (3,1 billions de dollars), 52,5 fois inférieure à celle des États-Unis (2,1 billions de dollars), 26,9 fois inférieure à celle du Japon (1,1 billions de dollars), 18,7 fois inférieure à celle de l'Allemagne (735,2 milliards de dollars) et 9,9 fois inférieure à celle de la Corée du Sud (390,5 milliards de dollars). La fabrication par habitant en Israël était 2,2 fois supérieure à celle de la Chine (2 221,3 de dollars); mais 44,6% inférieure à celle de l'Allemagne (8 981,7 de dollars), 40,0% inférieure à celle du Japon (8 286,2 de dollars), 35,6% inférieure à celle de la Corée du Sud (7 723,3 de dollars) et 23,3% inférieure à celle des États-Unis (6 481,0 de dollars). La croissance de l'industrie de transformation en Israël était inférieure à celle de la Chine (7,5%), de la Corée du Sud (3,8%), de l'Allemagne (3,5%), du Japon (3,0%) et des États-Unis (1,9%).

Chapitre VI. Construction

(ISIC F)

La construction d'Israël est passé de 1,1 milliards de dollars par an dans les années 1970 à 17,0 milliards de dollars par an dans les années 2010, c'est-à-dire 15,9 milliards de dollars ou de 15,8 fois. La variation a été de 14,0 milliards de dollars en raison de l'augmentation de 5,7 fois des prix, et de 325,9 millions de dollars en raison de la croissance de productivité de 1,1 fois, et de 1,6 milliards de dollars en raison de la croissance démographique. La croissance annuelle moyenne de la construction était de 2,9%. La valeur minimale était de 583,3 millions de dollars en 1970. La valeur maximale était de 22,9 milliards de dollars en 2019.

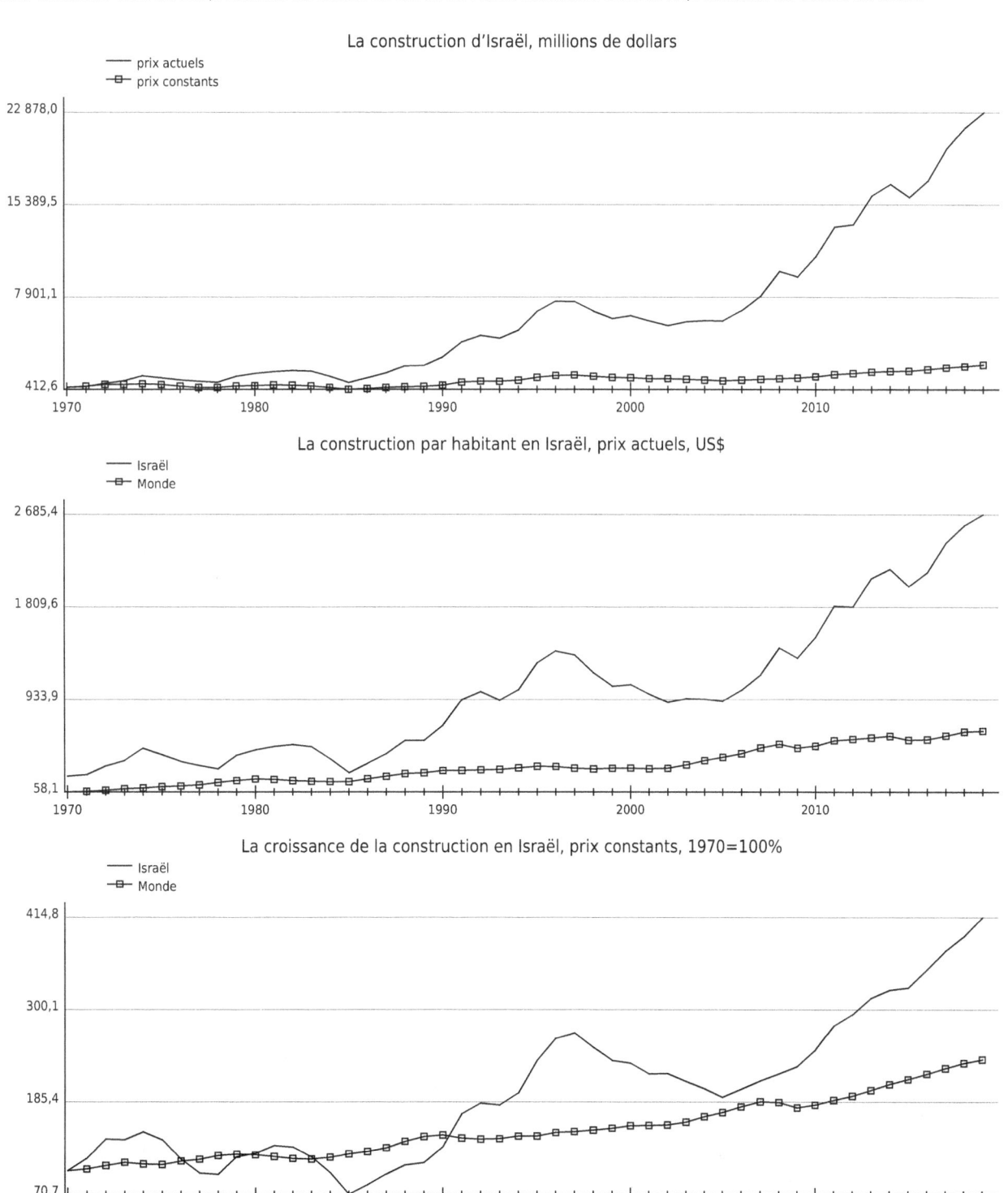

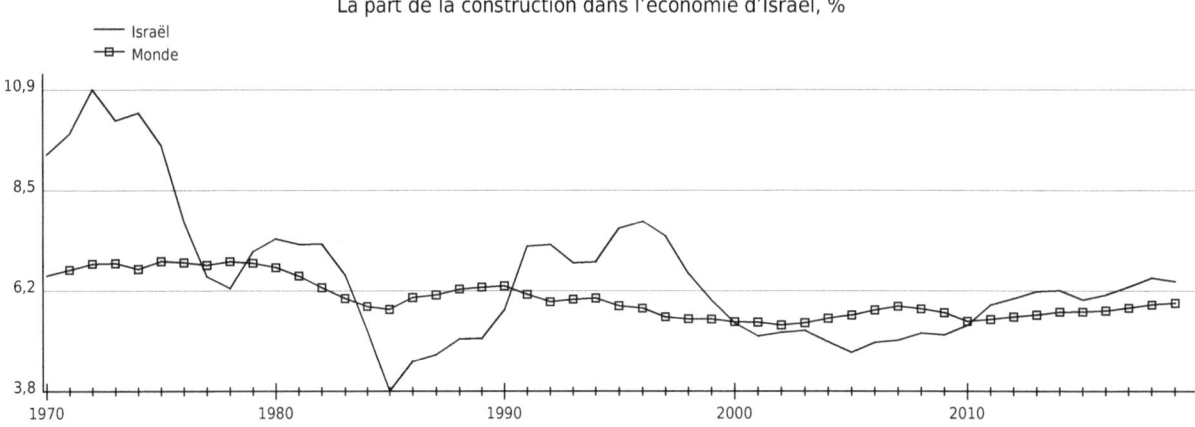

Les années 1970

Le secteur de la construction en Israël était de 1,1 milliards de dollars par an dans les années 1970, se situant au 41ème rang mondial. La part dans le monde était de 0,25% et de 1,3% en Asie.

La part de la construction dans l'économie d'Israël était de 8,4% dans les années 1970, au 41ème rang mondial, à égalité avec la Guinée (8,4%), le Mexique (8,4%), le Nigeria (8,4%).

La construction par habitant en Israël était de 332.6 dollars dans les années 1970, se situant au 32ème rang mondial, à égalité avec le Koweït (329,5 de dollars). La construction par habitant en Israël était 3,1 fois supérieure la construction par habitant au Monde (106,1 US$), et 9,7 fois supérieure la construction par habitant en Asie (34,4 US$).

La croissance de la construction en Israël était de 1.8% dans les années 1970, au 143ème rang mondial, à égalité avec l'Australie (1,8%), la Turquie (1,8%). La croissance de la construction en Israël (1,8%) a été inférieure à celle du monde (2,1%), et inférieure à celle de l'Asie (5,1%).

Comparaison avec les voisins. La valeur de la construction en Israël était supérieure à celle de l'Égypte (470,5 millions de dollars), de la Syrie (268,3 millions de dollars), du Liban (103,1 millions de dollars), de la Jordanie (87,2 millions de dollars) et de la Palestine (49,1 millions de dollars). La construction par habitant en Israël était supérieure à celle de la Jordanie (43,0 de dollars), du Liban (41,2 de dollars), de la Palestine (37,9 de dollars), de la Syrie (36,1 de dollars) et de l'Égypte (12,3 de dollars). La croissance de la construction en Israël était supérieure à celle du Liban (-4,3%); mais inférieure à celle de la Syrie (17,1%), de la Jordanie (10,5%), de l'Égypte (9,5%) et de la Palestine (8,0%).

Comparaison avec les leaders. Le secteur de la construction en Israël était inférieur à celui des États-Unis (81,1 milliards de dollars), de l'URSS (52,5 milliards de dollars), du Japon (43,5 milliards de dollars), de l'Allemagne (33,8 milliards de dollars) et de la France (22,4 milliards de dollars). La construction par habitant en Israël était supérieure à celle de l'URSS (208,1 de dollars); mais inférieure à celle de l'Allemagne (428,6 de dollars), de la France (417,3 de dollars), du Japon (390,8 de dollars) et des États-Unis (371,5 de dollars). La croissance de la construction en Israël était supérieure à celle de l'Allemagne (0,66%) et des États-Unis (0,31%); mais inférieure à celle de l'URSS (6,5%), du Japon (3,4%) et de la France (2,0%).

Les années 1980

La construction d'Israël était de 1,8 milliards de dollars par an dans les années 1980, se classant au 48ème rang mondial à égalité avec Cuba (1,7 milliards de dollars). La part dans le monde était de 0,19% et de 0,74% en Asie.

La part de la construction dans l'économie d'Israël était de 5,5% dans les années 1980, se classant au 94ème rang mondial, à égalité avec l'Inde (5,5%), l'Égypte (5,5%), le Qatar (5,5%).

La construction par habitant en Israël était de 437.8 dollars dans les années 1980, se classant au 44ème rang mondial. La construction par habitant en Israël était 2,4 fois supérieure la construction par habitant au Monde (186,2 US$), et 5,3 fois supérieure la construction par habitant en Asie (83,3 US$).

La croissance de la construction en Israël était de -0.6% dans les années 1980, au 138ème rang mondial. La croissance de la construction en Israël (-0,65%) a été inférieure à celle du monde (1,7%), et inférieure à celle de l'Asie (2,7%).

Chapitre VI. Construction

Comparaison avec les voisins. La construction d'Israël était supérieure à celle de l'Égypte (1,2 milliards de dollars), de la Syrie (815,2 millions de dollars), de la Jordanie (292,3 millions de dollars), de la Palestine (127,1 millions de dollars) et du Liban (97,3 millions de dollars). La construction par habitant en Israël était supérieure à celle de la Jordanie (102,3 de dollars), de la Syrie (77,8 de dollars), de la Palestine (72,9 de dollars), du Liban (36,8 de dollars) et de l'Égypte (24,7 de dollars). La croissance de la construction en Israël était supérieure à celle du Liban (-4,3%), de la Jordanie (-5,1%) et de la Syrie (-5,8%); mais inférieure à celle de l'Égypte (5,2%) et de la Palestine (3,4%).

Comparaison avec les leaders. Le secteur de la construction en Israël était inférieur à celui des États-Unis (180,6 milliards de dollars), du Japon (138,7 milliards de dollars), de l'URSS (72,1 milliards de dollars), de l'Allemagne (57,8 milliards de dollars) et de la France (42,5 milliards de dollars). La construction par habitant en Israël était supérieure à celle de l'URSS (262,0 de dollars); mais inférieure à celle du Japon (1 143,9 de dollars), des États-Unis (754,4 de dollars), de la France (751,9 de dollars) et de l'Allemagne (740,2 de dollars). La croissance de la construction en Israël était inférieure à celle de l'URSS (6,2%), du Japon (2,1%), des États-Unis (1,1%), de la France (0,67%) et de l'Allemagne (-0,52%).

Les années 1990

La valeur de la construction en Israël était de 5,7 milliards de dollars par an dans les années 1990, au 34ème rang mondial. La part dans le monde était de 0,36% et de 1,0% en Asie.

La part de la construction dans l'économie d'Israël était de 6,9% dans les années 1990, se situant au 51ème rang mondial, à égalité avec la Lituanie (6,9%), le Kazakhstan (7,0%), Djibouti (6,9%).

La construction par habitant en Israël était de 1098.6 dollars dans les années 1990, au 27ème rang mondial, à égalité avec le Canada (1 098,6 de dollars), Hong Kong (1 093,6 de dollars), la Nouvelle-Calédonie (1 088,4 de dollars). La construction par habitant en Israël était 3,9 fois supérieure la construction par habitant au Monde (278,6 US$), et 6,9 fois supérieure la construction par habitant en Asie (158,8 US$).

La croissance de la construction en Israël était de 8% dans les années 1990, se classant au 34ème rang mondial, à égalité avec la Côte d'Ivoire (8,0%), l'Azerbaïdjan (8,0%). La croissance de la construction en Israël (8,0%) a été supérieure à celle du monde (0,71%), et supérieure à celle de l'Asie (2,3%).

Comparaison avec les voisins. Le secteur de la construction en Israël était supérieur à celui de l'Égypte (2,8 milliards de dollars), du Liban (612,7 millions de dollars), de la Syrie (568,0 millions de dollars), de la Palestine (286,7 millions de dollars) et de la Jordanie (230,9 millions de dollars). La construction par habitant en Israël était supérieure à celle du Liban (181,9 de dollars), de la Palestine (111,0 de dollars), de la Jordanie (52,4 de dollars), de l'Égypte (46,1 de dollars) et de la Syrie (40,0 de dollars). La croissance de la construction en Israël était supérieure à celle de la Syrie (5,8%), de la Jordanie (5,8%) et de l'Égypte (3,6%); mais inférieure à celle de la Palestine (16,9%) et du Liban (13,9%).

Comparaison avec les leaders. La valeur de la construction en Israël était inférieure à celle du Japon (343,2 milliards de dollars), des États-Unis (299,1 milliards de dollars), de l'Allemagne (125,2 milliards de dollars), du Royaume-Uni (69,8 milliards de dollars) et de la France (68,8 milliards de dollars). La construction par habitant en Israël était inférieure à celle du Japon (2 721,7 de dollars), de l'Allemagne (1 552,3 de dollars), du Royaume-Uni (1 205,1 de dollars), de la France (1 158,8 de dollars) et des États-Unis (1 131,2 de dollars). La croissance de la construction en Israël était supérieure à celle des États-Unis (1,8%), de l'Allemagne (-0,047%), du Royaume-Uni (-0,34%), de la France (-0,65%) et du Japon (-1,0%).

Les années 2000

La construction d'Israël était de 7,0 milliards de dollars par an dans les années 2000, se classant au 38ème rang mondial à égalité avec le Chili (7,0 milliards de dollars), la Colombie (6,9 milliards de dollars). La part dans le monde était de 0,28% et de 0,98% en Asie.

La part de la construction dans l'économie d'Israël était de 5,1% dans les années 2000, se situant au 135ème rang mondial, à égalité avec la Suède (5,1%), l'Éthiopie (5,0%), la Colombie (5,0%).

La construction par habitant en Israël était de 1078.2 dollars dans les années 2000, au 46ème rang mondial, à égalité avec le Portugal (1 091,0 de dollars). La construction par habitant en Israël était 2,8 fois supérieure la construction par habitant au Monde (381,3 US$), et 5,9 fois supérieure la construction par habitant en Asie (181,9 US$).

La croissance de la construction en Israël était de -0.3% dans les années 2000, se classant au 188ème rang mondial. La croissance de la construction en Israël (-0,31%) a été inférieure à celle du monde (1,5%), et inférieure à celle de l'Asie (4,4%).

Comparaison avec les voisins. La valeur ajoutée de la construction en Israël était supérieure à celle de l'Égypte (4,6 milliards de dollars), de la Syrie (1,1 milliards de dollars), du Liban (899,4 millions de dollars), de la Jordanie (425,2 millions de dollars) et de la Palestine (261,3 millions de dollars). La construction par habitant en Israël était supérieure à celle du Liban (200,9 de dollars), de la Palestine (73,2 de dollars), de la Jordanie (73,1 de dollars), de l'Égypte (61,4 de dollars) et de la Syrie (57,0 de dollars). La croissance de la construction en Israël était supérieure à celle de la Palestine (-3,0%); mais inférieure à celle de la Jordanie (8,3%), de la Syrie (5,8%), de l'Égypte (5,0%) et du Liban (2,3%).

Comparaison avec les leaders. La valeur ajoutée de la construction en Israël était inférieure à celle des États-Unis (583,0 milliards de dollars), du Japon (270,5 milliards de dollars), de la Chine (150,1 milliards de dollars), du Royaume-Uni (132,1 milliards de dollars) et de l'Espagne (111,8 milliards de dollars). La construction par habitant en Israël était supérieure à celle de la Chine (113,1 de dollars); mais inférieure à celle de l'Espagne (2 560,2 de dollars), du Royaume-Uni (2 186,4 de dollars), du Japon (2 110,1 de dollars) et des États-Unis (1 983,7 de dollars). La croissance de la construction en Israël était supérieure à celle des États-Unis (-2,6%) et du Japon (-3,9%); mais inférieure à celle de la Chine (11,9%), de l'Espagne (1,7%) et du Royaume-Uni (0,17%).

Les années 2010

La valeur ajoutée de la construction en Israël était de 17,0 milliards de dollars par an dans les années 2010, au 34ème rang mondial à égalité avec le Chili (17,0 milliards de dollars), le Nigeria (16,9 milliards de dollars). La part dans le monde était de 0,40% et de 0,98% en Asie.

La part de la construction dans l'économie d'Israël était de 6,1% dans les années 2010, se classant au 98ème rang mondial, à égalité avec l'Islande (6,1%), la Norvège (6,1%), la Lettonie (6,1%).

La construction par habitant en Israël était de 2138.4 dollars dans les années 2010, au 29ème rang mondial, à égalité avec la Belgique (2 144,7 de dollars), les États-Unis (2 130,9 de dollars), l'Europe de l'Ouest (2 130,6 de dollars). La construction par habitant en Israël était 3,7 fois supérieure la construction par habitant au Monde (572,1 US$), et 5,4 fois supérieure la construction par habitant en Asie (392,9 US$).

La croissance de la construction en Israël était de 6.1% dans les années 2010, se classant au 54ème rang mondial, à égalité avec le Liberia (6,1%), l'Algérie (6,1%). La croissance de la construction en Israël (6,1%) a été supérieure à celle du monde (2,9%), et supérieure à celle de l'Asie (5,6%).

Comparaison avec les voisins. La valeur de la construction en Israël était 29,1% supérieure à celle de l'Égypte (13,1 milliards de dollars), 7,6 fois supérieure à celle du Liban (2,2 milliards de dollars), 15,4 fois supérieure à celle de la Jordanie (1,1 milliards de dollars), 16,1 fois supérieure à celle de la Syrie (1,1 milliards de dollars) et 23,9 fois supérieure à celle de la Palestine (708,8 millions de dollars). La construction par habitant en Israël était 5,9 fois supérieure à celle du Liban (363,0 de dollars), 13,6 fois supérieure à celle de la Palestine (157,6 de dollars), 14,9 fois supérieure à celle de l'Égypte (143,5 de dollars), 17,3 fois supérieure à celle de la Jordanie (123,5 de dollars) et 38,2 fois supérieure à celle de la Syrie (55,9 de dollars). La croissance de la construction en Israël était supérieure à celle de la Palestine (5,9%), du Liban (1,9%), de la Jordanie (0,25%) et de la Syrie (-7,3%); mais inférieure à celle de l'Égypte (7,6%).

Comparaison avec les leaders. La valeur de la construction en Israël était 43,1 fois inférieure à celle de la Chine (731,1 milliards de dollars), 40,2 fois inférieure à celle des États-Unis (680,8 milliards de dollars), 16,4 fois inférieure à celle du Japon (278,7 milliards de dollars), 9,9 fois inférieure à celle de l'Inde (168,1 milliards de dollars) et 9,0 fois inférieure à celle de l'Allemagne (153,2 milliards de dollars). La construction par habitant en Israël était 0,35% supérieure à celle des États-Unis (2 130,9 de dollars), 14,2% supérieure à celle de l'Allemagne (1 871,9 de dollars), 4,1 fois supérieure à celle de la Chine (521,3 de dollars) et 16,6 fois supérieure à celle de l'Inde (129,1 de dollars); mais 1,8% inférieure à celle du Japon (2 178,3 de dollars). La croissance de la construction en Israël était supérieure à celle de l'Inde (5,2%), de l'Allemagne (1,8%), du Japon (1,7%) et des États-Unis (1,4%); mais inférieure à celle de la Chine (8,2%).

Chapitre VII. Transport

Transport et stockage (ISIC I)

Le transport d'Israël est passé de 1,3 milliards de dollars par an dans les années 1970 à 33,7 milliards de dollars par an dans les années 2010, c'est-à-dire 32,4 milliards de dollars ou de 26,0 fois. La variation a été de 23,6 milliards de dollars en raison de l'augmentation de 3,3 fois des prix, et de 6,9 milliards de dollars en raison de la croissance de productivité de 3,2 fois, et de 1,9 milliards de dollars en raison de la croissance démographique. La croissance annuelle moyenne du transport était de 5,2%. La valeur minimale était de 714,1 millions de dollars en 1970. La valeur maximale était de 47,5 milliards de dollars en 2019.

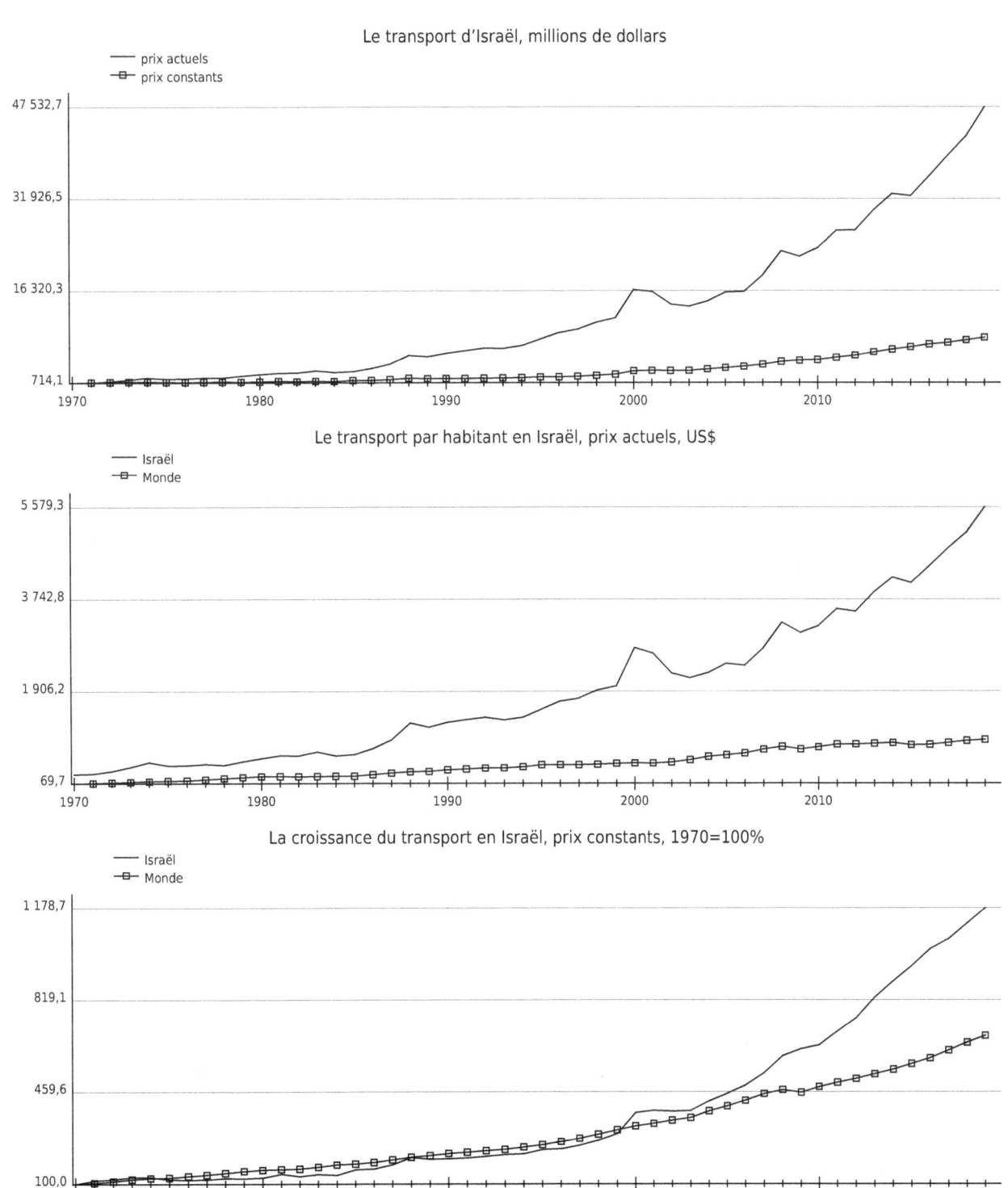

Le transport d'Israël, millions de dollars

Le transport par habitant en Israël, prix actuels, US$

La croissance du transport en Israël, prix constants, 1970=100%

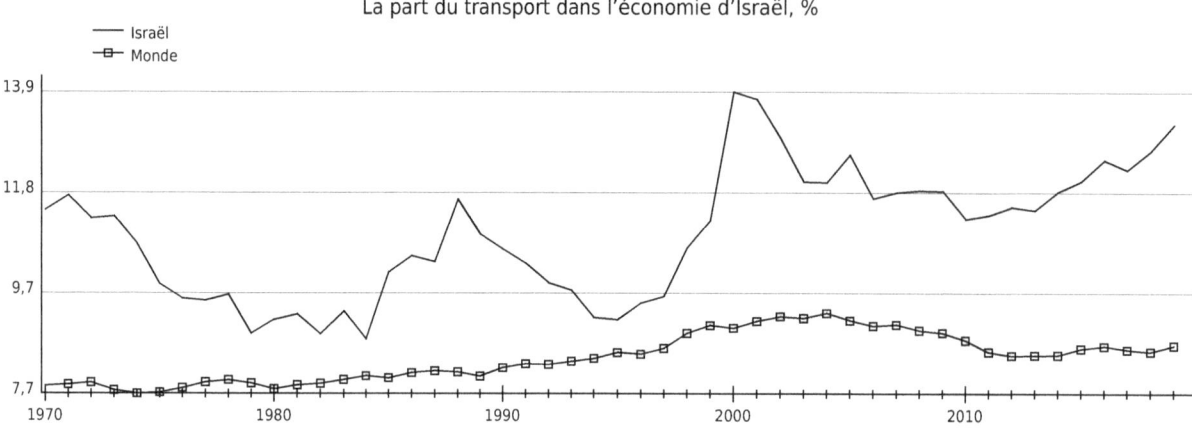

Les années 1970

La valeur ajoutée du transport en Israël était de 1,3 milliards de dollars par an dans les années 1970, au 36ème rang mondial à égalité avec la Colombie (1,3 milliards de dollars), Cuba (1,3 milliards de dollars), la Bulgarie (1,3 milliards de dollars). La part dans le monde était de 0,26% et de 1,6% en Asie.

La part du transport dans l'économie d'Israël était de 10,1% dans les années 1970, se classant au 32ème rang mondial, à égalité avec l'Afrique du Sud (10,2%), les Samoa (10,2%), le Yémen (10,2%).

Le transport par habitant en Israël était de 401.7 dollars dans les années 1970, se classant au 25ème rang mondial, à égalité avec l'Autriche (405,3 de dollars), la Nouvelle-Zélande (395,1 de dollars). Le transport par habitant en Israël était 3,3 fois supérieur le transport par habitant au Monde (122,3 US$), et 11,7 fois supérieur le transport par habitant en Asie (34,3 US$).

La croissance du transport en Israël était de 2.1% dans les années 1970, au 156ème rang mondial. La croissance du transport en Israël (2,1%) a été inférieure à celle du monde (4,6%), et inférieure à celle de l'Asie (4,1%).

Comparaison avec les voisins. La valeur ajoutée du transport en Israël était supérieure à celle de l'Égypte (685,2 millions de dollars), de la Syrie (417,1 millions de dollars), du Liban (373,1 millions de dollars), de la Jordanie (97,9 millions de dollars) et de la Palestine (18,1 millions de dollars). Le transport par habitant en Israël était supérieur à celui du Liban (148,9 de dollars), de la Syrie (56,1 de dollars), de la Jordanie (48,3 de dollars), de l'Égypte (17,9 de dollars) et de la Palestine (13,9 de dollars). La croissance du transport en Israël était supérieure à celle du Liban (-3,5%); mais inférieure à celle de l'Égypte (18,5%), de la Palestine (8,0%), de la Syrie (7,5%) et de la Jordanie (6,2%).

Comparaison avec les leaders. La valeur ajoutée du transport en Israël était inférieure à celle des États-Unis (168,6 milliards de dollars), du Japon (46,4 milliards de dollars), de l'Allemagne (29,6 milliards de dollars), de l'URSS (28,8 milliards de dollars) et de la France (24,0 milliards de dollars). Le transport par habitant en Israël était supérieur à celui de l'Allemagne (376,1 de dollars) et de l'URSS (114,0 de dollars); mais inférieur à celui des États-Unis (772,4 de dollars), de la France (447,4 de dollars) et du Japon (416,6 de dollars). La croissance du transport en Israël était supérieure à celle du Japon (1,7%); mais inférieure à celle de l'URSS (8,1%), des États-Unis (4,2%), de la France (4,1%) et de l'Allemagne (3,0%).

Les années 1980

La valeur du transport en Israël était de 3,2 milliards de dollars par an dans les années 1980, se situant au 38ème rang mondial. La part dans le monde était de 0,27% et de 1,3% en Asie.

La part du transport dans l'économie d'Israël était de 10,1% dans les années 1980, se situant au 32ème rang mondial, à égalité avec la Turquie (10,1%), Malte (10,2%), les Samoa (10,2%).

Le transport par habitant en Israël était de 802.6 dollars dans les années 1980, au 29ème rang mondial, à égalité avec l'Italie (812,2 de dollars), Chypre (792,0 de dollars). Le transport par habitant en Israël était 3,3 fois supérieur le transport par habitant au Monde (242,0 US$), et 9,2 fois supérieur le transport par habitant en Asie (86,8 US$).

La croissance du transport en Israël était de 5% dans les années 1980, se classant au 55ème rang mondial, à égalité avec le Cap-Vert (5,0%), le Ghana (5,0%). La croissance du transport en Israël (5,0%) a été supérieure à celle du monde (3,4%), et inférieure à celle de l'Asie (5,2%).

Chapitre VII. Transport

Comparaison avec les voisins. La valeur du transport en Israël était supérieure à celle de l'Égypte (1,9 milliards de dollars), de la Syrie (1,2 milliards de dollars), de la Jordanie (454,7 millions de dollars), du Liban (188,5 millions de dollars) et de la Palestine (46,8 millions de dollars). Le transport par habitant en Israël était supérieur à celui de la Jordanie (159,2 de dollars), de la Syrie (112,0 de dollars), du Liban (71,3 de dollars), de l'Égypte (39,7 de dollars) et de la Palestine (26,9 de dollars). La croissance du transport en Israël était supérieure à celle de la Palestine (3,3%) et du Liban (-10,8%); mais inférieure à celle de l'Égypte (9,2%), de la Jordanie (7,4%) et de la Syrie (5,0%).

Comparaison avec les leaders. Le secteur du transport en Israël était inférieur à celui des États-Unis (394,9 milliards de dollars), du Japon (147,7 milliards de dollars), de l'Allemagne (56,6 milliards de dollars), de la France (56,2 milliards de dollars) et du Royaume-Uni (53,0 milliards de dollars). Le transport par habitant en Israël était supérieur à celui de l'Allemagne (725,5 de dollars); mais inférieur à celui des États-Unis (1 649,2 de dollars), du Japon (1 217,8 de dollars), de la France (993,7 de dollars) et du Royaume-Uni (938,7 de dollars). La croissance du transport en Israël était supérieure à celle du Japon (4,7%), des États-Unis (3,6%), du Royaume-Uni (3,0%) et de l'Allemagne (1,8%); mais inférieure à celle de la France (5,4%).

Les années 1990

Le secteur du transport en Israël était de 8,2 milliards de dollars par an dans les années 1990, se classant au 33ème rang mondial. La part dans le monde était de 0,35% et de 1,3% en Asie.

La part du transport dans l'économie d'Israël était de 10,0% dans les années 1990, se classant au 50ème rang mondial, à égalité avec le Kazakhstan (10,0%), les Fidji (10,1%).

Le transport par habitant en Israël était de 1588.5 dollars dans les années 1990, au 30ème rang mondial, à égalité avec Chypre (1 619,5 de dollars). Le transport par habitant en Israël était 3,9 fois supérieur le transport par habitant au Monde (409,5 US$), et 9,0 fois supérieur le transport par habitant en Asie (177,2 US$).

La croissance du transport en Israël était de 4.2% dans les années 1990, au 109ème rang mondial, à égalité avec l'Est (4,2%), l'Afrique australe (4,2%). La croissance du transport en Israël (4,2%) a été supérieure à celle du monde (4,0%), et inférieure à celle de l'Asie (5,4%).

Comparaison avec les voisins. La valeur du transport en Israël était supérieure à celle de l'Égypte (5,9 milliards de dollars), de la Syrie (1,6 milliards de dollars), de la Jordanie (585,9 millions de dollars), du Liban (449,5 millions de dollars) et de la Palestine (117,3 millions de dollars). Le transport par habitant en Israël était supérieur à celui du Liban (133,4 de dollars), de la Jordanie (133,0 de dollars), de la Syrie (111,9 de dollars), de l'Égypte (94,8 de dollars) et de la Palestine (45,4 de dollars). La croissance du transport en Israël était inférieure à celle de la Palestine (15,2%), de la Syrie (8,0%), du Liban (7,3%), de la Jordanie (4,5%) et de l'Égypte (4,4%).

Comparaison avec les leaders. Le secteur du transport en Israël était inférieur à celui des États-Unis (702,6 milliards de dollars), du Japon (373,9 milliards de dollars), de l'Allemagne (144,3 milliards de dollars), de la France (118,7 milliards de dollars) et du Royaume-Uni (117,6 milliards de dollars). Le transport par habitant en Israël était inférieur à celui du Japon (2 965,8 de dollars), des États-Unis (2 656,9 de dollars), du Royaume-Uni (2 031,3 de dollars), de la France (1 999,2 de dollars) et de l'Allemagne (1 789,0 de dollars). La croissance du transport en Israël était supérieure à celle de l'Allemagne (3,9%) et du Japon (3,0%); mais inférieure à celle des États-Unis (5,0%), de la France (4,8%) et du Royaume-Uni (4,7%).

Les années 2000

Le transport d'Israël était de 17,1 milliards de dollars par an dans les années 2000, au 32ème rang mondial à égalité avec Singapour (16,9 milliards de dollars). La part dans le monde était de 0,42% et de 1,6% en Asie.

La part du transport dans l'économie d'Israël était de 12,4% dans les années 2000, se situant au 29ème rang mondial, à égalité avec l'Érythrée (12,4%), les Samoa (12,4%), la Bulgarie (12,3%).

Le transport par habitant en Israël était de 2629.2 dollars dans les années 2000, se situant au 28ème rang mondial, à égalité avec l'Italie (2 618,1 de dollars), l'Australasie (2 685,7 de dollars). Le transport par habitant en Israël était 4,2 fois supérieur le transport par habitant au Monde (621,1 US$), et 9,9 fois supérieur le transport par habitant en Asie (264,8 US$).

La croissance du transport en Israël était de 7.8% dans les années 2000, au 61ème rang mondial, à égalité avec l'Égypte (7,8%), l'Afrique (7,8%), le Sri Lanka (7,8%). La croissance du transport en Israël (7,8%) a été supérieure à celle du monde (3,9%), et supérieure à celle de l'Asie (5,4%).

Comparaison avec les voisins. La valeur ajoutée du transport en Israël était supérieure à celle de l'Égypte (10,7 milliards de dollars), de la Syrie (3,4 milliards de dollars), de la Jordanie (1,3 milliards de dollars), du Liban (1,3 milliards de dollars) et de la Palestine (360,3 millions de dollars). Le transport par habitant en Israël était supérieur à celui du Liban (297,0 de dollars), de la Jordanie (229,5 de dollars), de la Syrie (185,6 de dollars), de l'Égypte (143,3 de dollars) et de la Palestine (101,0 de dollars). La croissance du transport en Israël était supérieure à celle de la Jordanie (5,7%), de la Syrie (5,0%) et de la Palestine (2,4%); mais inférieure à celle du Liban (10,2%) et de l'Égypte (7,8%).

Comparaison avec les leaders. Le secteur du transport en Israël était inférieur à celui des États-Unis (1,2 billions de dollars), du Japon (468,5 milliards de dollars), de l'Allemagne (228,2 milliards de dollars), du Royaume-Uni (215,9 milliards de dollars) et de la France (185,6 milliards de dollars). Le transport par habitant en Israël était inférieur à celui des États-Unis (4 029,0 de dollars), du Japon (3 655,1 de dollars), du Royaume-Uni (3 572,9 de dollars), de la France (2 955,1 de dollars) et de l'Allemagne (2 803,7 de dollars). La croissance du transport en Israël était supérieure à celle de l'Allemagne (3,4%), du Royaume-Uni (3,1%), des États-Unis (3,1%), de la France (2,7%) et du Japon (1,5%).

Les années 2010

Le transport d'Israël était de 33,7 milliards de dollars par an dans les années 2010, se situant au 29ème rang mondial à égalité avec l'Afrique australe (33,5 milliards de dollars), l'Autriche (34,0 milliards de dollars), la Thaïlande (33,0 milliards de dollars). La part dans le monde était de 0,53% et de 1,8% en Asie.

La part du transport dans l'économie d'Israël était de 12,1% dans les années 2010, au 28ème rang mondial, à égalité avec le Nigeria (12,1%), la Côte d'Ivoire (12,1%), l'Ukraine (12,1%).

Le transport par habitant en Israël était de 4253.6 dollars dans les années 2010, se situant au 18ème rang mondial, à égalité avec la Finlande (4 287,9 de dollars), les Pays-Bas (4 325,1 de dollars). Le transport par habitant en Israël était 4,9 fois supérieur le transport par habitant au Monde (864,8 US$), et 9,9 fois supérieur le transport par habitant en Asie (430,2 US$).

La croissance du transport en Israël était de 6.5% dans les années 2010, se situant au 52ème rang mondial, à égalité avec le Malawi (6,5%), le Kazakhstan (6,5%), le Viêt Nam (6,5%). La croissance du transport en Israël (6,5%) a été supérieure à celle du monde (4,0%), et supérieure à celle de l'Asie (4,7%).

Comparaison avec les voisins. Le secteur du transport en Israël était 46,3% supérieur à celui de l'Égypte (23,0 milliards de dollars), 10,7 fois supérieur à celui de la Jordanie (3,1 milliards de dollars), 11,6 fois supérieur à celui de la Syrie (2,9 milliards de dollars), 12,5 fois supérieur à celui du Liban (2,7 milliards de dollars) et 41,2 fois supérieur à celui de la Palestine (818,9 millions de dollars). Le transport par habitant en Israël était 9,7 fois supérieur à celui du Liban (437,6 de dollars), 12,1 fois supérieur à celui de la Jordanie (352,7 de dollars), 16,9 fois supérieur à celui de l'Égypte (252,0 de dollars), 23,4 fois supérieur à celui de la Palestine (182,1 de dollars) et 27,5 fois supérieur à celui de la Syrie (154,6 de dollars). La croissance du transport en Israël était supérieure à celle de l'Égypte (5,7%), de la Jordanie (3,3%), de la Palestine (2,0%), du Liban (1,8%) et de la Syrie (-4,6%).

Comparaison avec les leaders. La valeur du transport en Israël était 53,0 fois inférieure à celle des États-Unis (1,8 billions de dollars), 15,7 fois inférieure à celle du Japon (529,8 milliards de dollars), 13,8 fois inférieure à celle de la Chine (464,2 milliards de dollars), 8,9 fois inférieure à celle de l'Allemagne (300,0 milliards de dollars) et 7,6 fois inférieure à celle du Royaume-Uni (257,7 milliards de dollars). Le transport par habitant en Israël était 2,7% supérieur à celui du Japon (4 141,7 de dollars), 8,3% supérieur à celui du Royaume-Uni (3 929,2 de dollars), 16,1% supérieur à celui de l'Allemagne (3 665,2 de dollars) et 12,8 fois supérieur à celui de la Chine (331,0 de dollars); mais 24,0% inférieur à celui des États-Unis (5 597,8 de dollars). La croissance du transport en Israël était supérieure à celle des États-Unis (5,1%), du Royaume-Uni (2,8%), de l'Allemagne (2,7%) et du Japon (0,81%); mais inférieure à celle de la Chine (7,5%).

Chapitre VIII. Commerce

Commerce de gros et de détail; restaurants et hôtels (ISIC G-H)

La valeur ajoutée du commerce en Israël est passé de 1,4 milliards de dollars par an dans les années 1970 à 32,4 milliards de dollars par an dans les années 2010, c'est-à-dire 31,0 milliards de dollars ou de 23,5 fois. La variation a été de 23,6 milliards de dollars en raison de l'augmentation de 3,7 fois des prix, et de 5,4 milliards de dollars en raison de la croissance de productivité de 2,6 fois, et de 2,0 milliards de dollars en raison de la croissance démographique. La croissance annuelle moyenne du commerce était de 4,9%. La valeur minimale était de 642,4 millions de dollars en 1970. La valeur maximale était de 42,1 milliards de dollars en 2019.

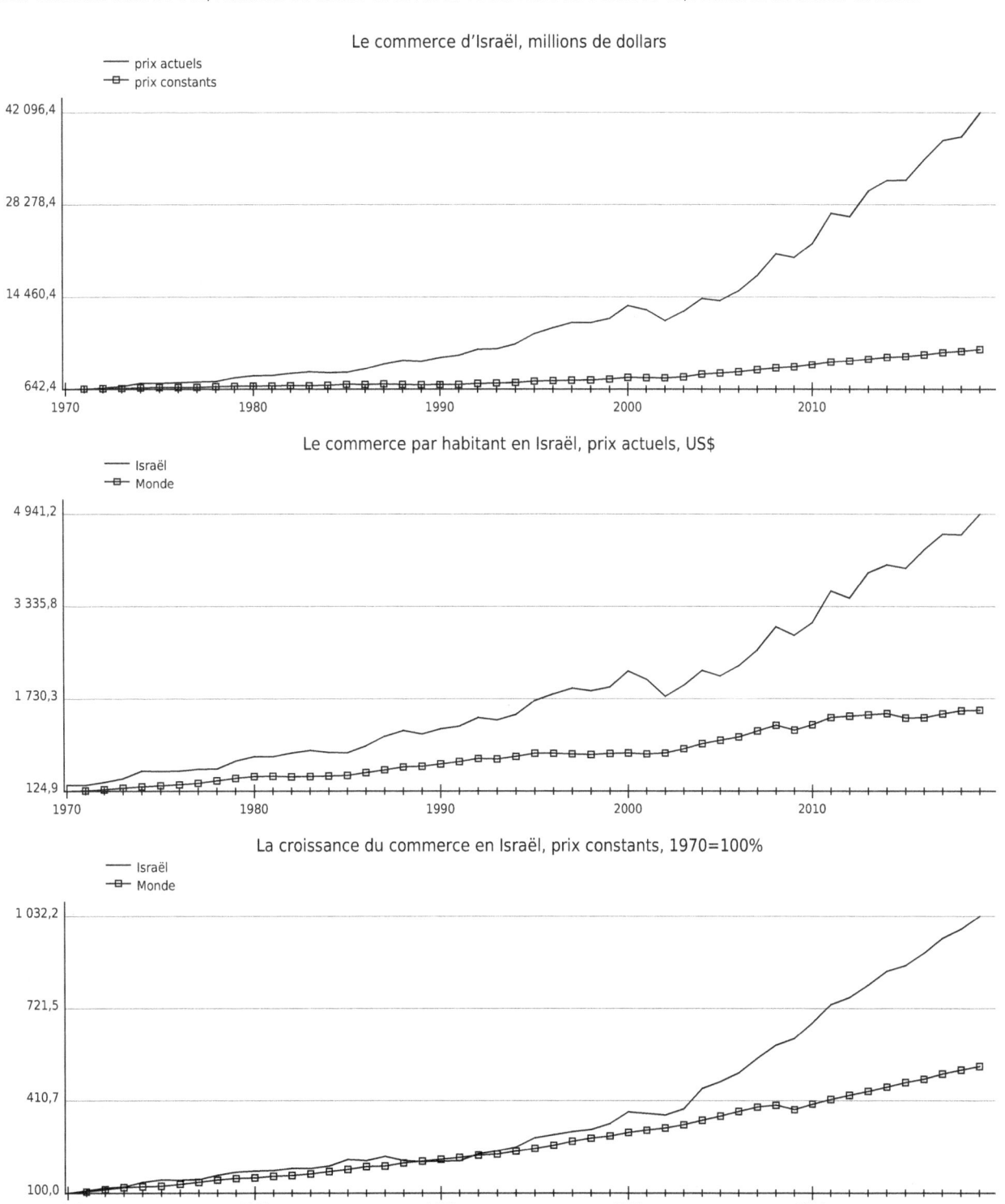

La part du commerce dans l'économie d'Israël, %

Les années 1970

La valeur du commerce en Israël était de 1,4 milliards de dollars par an dans les années 1970, au 51ème rang mondial à égalité avec l'Irlande (1,4 milliards de dollars). La part dans le monde était de 0,15% et de 0,88% en Asie.

La part du commerce dans l'économie d'Israël était de 10,7% dans les années 1970, au 140ème rang mondial, à égalité avec Maurice (10,7%), l'Afrique de l'Ouest (10,7%).

Le commerce par habitant en Israël était de 425.8 dollars dans les années 1970, se classant au 45ème rang mondial, à égalité avec le Mexique (421,7 de dollars), l'Irlande (435,2 de dollars). Le commerce par habitant en Israël était 92,7% supérieur le commerce par habitant au Monde (221,0 US$), et 6,3 fois supérieur le commerce par habitant en Asie (67,4 US$).

La croissance du commerce en Israël était de 6.1% dans les années 1970, se classant au 64ème rang mondial, à égalité avec le Luxembourg (6,0%), la Colombie (6,1%), la Chine (6,1%). La croissance du commerce en Israël (6,1%) a été supérieure à celle du monde (4,5%), et inférieure à celle de l'Asie (7,7%).

Comparaison avec les voisins. Le secteur du commerce en Israël était supérieur à celui de la Syrie (1,2 milliards de dollars), du Liban (368,6 millions de dollars), de la Jordanie (213,9 millions de dollars) et de la Palestine (70,6 millions de dollars); mais inférieur à celui de l'Égypte (1,7 milliards de dollars). Le commerce par habitant en Israël était supérieur à celui de la Syrie (157,4 de dollars), du Liban (147,1 de dollars), de la Jordanie (105,5 de dollars), de la Palestine (54,5 de dollars) et de l'Égypte (43,7 de dollars). La croissance du commerce en Israël était supérieure à celle du Liban (-3,1%); mais inférieure à celle de la Syrie (9,9%), de l'Égypte (9,4%), de la Palestine (8,0%) et de la Jordanie (6,9%).

Comparaison avec les leaders. Le secteur du commerce en Israël était inférieur à celui des États-Unis (278,3 milliards de dollars), du Japon (90,3 milliards de dollars), de l'URSS (62,3 milliards de dollars), de l'Allemagne (61,1 milliards de dollars) et de la France (40,9 milliards de dollars). Le commerce par habitant en Israël était supérieur à celui de l'URSS (247,1 de dollars); mais inférieur à celui des États-Unis (1 275,1 de dollars), du Japon (811,1 de dollars), de l'Allemagne (775,5 de dollars) et de la France (762,4 de dollars). La croissance du commerce en Israël était supérieure à celle de l'URSS (5,2%), de la France (3,9%), des États-Unis (3,9%) et de l'Allemagne (3,0%); mais inférieure à celle du Japon (8,2%).

Les années 1980

La valeur du commerce en Israël était de 3,6 milliards de dollars par an dans les années 1980, se classant au 48ème rang mondial. La part dans le monde était de 0,17% et de 0,76% en Asie.

La part du commerce dans l'économie d'Israël était de 11,3% dans les années 1980, se situant au 142ème rang mondial, à égalité avec Saint-Vincent-et-les-Grenadines (11,3%), le Mozambique (11,4%).

Le commerce par habitant en Israël était de 899.2 dollars dans les années 1980, se classant au 49ème rang mondial, à égalité avec Porto Rico (879,7 de dollars), le Brunei (920,3 de dollars), l'Europe (921,4 de dollars). Le commerce par habitant en Israël était 2,1 fois supérieur le commerce par habitant au Monde (437,7 US$), et 5,4 fois supérieur le commerce par habitant en Asie (166,8 US$).

La croissance du commerce en Israël était de 1.9% dans les années 1980, au 125ème rang mondial. La croissance du commerce en Israël (1,9%) a été inférieure à celle du monde (3,3%), et inférieure à celle de l'Asie (5,8%).

Chapitre VIII. Commerce

Comparaison avec les voisins. La valeur ajoutée du commerce en Israël était supérieure à celle de la Syrie (3,3 milliards de dollars), de la Jordanie (670,2 millions de dollars), du Liban (365,9 millions de dollars) et de la Palestine (183,0 millions de dollars); mais inférieure à celle de l'Égypte (4,3 milliards de dollars). Le commerce par habitant en Israël était supérieur à celui de la Syrie (315,8 de dollars), de la Jordanie (234,6 de dollars), du Liban (138,4 de dollars), de la Palestine (104,9 de dollars) et de l'Égypte (87,4 de dollars). La croissance du commerce en Israël était supérieure à celle de la Syrie (1,4%), de la Jordanie (-1,9%) et du Liban (-4,3%); mais inférieure à celle de l'Égypte (8,1%) et de la Palestine (3,4%).

Comparaison avec les leaders. La valeur ajoutée du commerce en Israël était inférieure à celle des États-Unis (653,3 milliards de dollars), du Japon (277,3 milliards de dollars), de l'Allemagne (116,7 milliards de dollars), de l'URSS (112,3 milliards de dollars) et de l'Italie (95,7 milliards de dollars). Le commerce par habitant en Israël était supérieur à celui de l'URSS (408,1 de dollars); mais inférieur à celui des États-Unis (2 728,2 de dollars), du Japon (2 286,5 de dollars), de l'Italie (1 684,2 de dollars) et de l'Allemagne (1 496,0 de dollars). La croissance du commerce en Israël était supérieure à celle de l'Allemagne (1,8%) et de l'URSS (-0,62%); mais inférieure à celle du Japon (4,9%), des États-Unis (4,4%) et de l'Italie (2,3%).

Les années 1990

Le secteur du commerce en Israël était de 8,3 milliards de dollars par an dans les années 1990, au 45ème rang mondial. La part dans le monde était de 0,20% et de 0,71% en Asie.

La part du commerce dans l'économie d'Israël était de 10,2% dans les années 1990, au 168ème rang mondial, à égalité avec la Géorgie (10,2%), le Guyana (10,3%).

Le commerce par habitant en Israël était de 1614.2 dollars dans les années 1990, se classant au 46ème rang mondial. Le commerce par habitant en Israël était 2,2 fois supérieur le commerce par habitant au Monde (721,8 US$), et 4,8 fois supérieur le commerce par habitant en Asie (337,1 US$).

La croissance du commerce en Israël était de 5% dans les années 1990, au 45ème rang mondial, à égalité avec les Émirats arabes unis (5,0%), la Grenade (5,0%), le Bangladesh (5,0%). La croissance du commerce en Israël (5,0%) a été supérieure à celle du monde (3,5%), et supérieure à celle de l'Asie (4,9%).

Comparaison avec les voisins. Le commerce d'Israël était supérieur à celui de la Syrie (3,3 milliards de dollars), du Liban (1,2 milliards de dollars), de la Jordanie (604,1 millions de dollars) et de la Palestine (407,0 millions de dollars); mais inférieur à celui de l'Égypte (11,2 milliards de dollars). Le commerce par habitant en Israël était supérieur à celui du Liban (352,7 de dollars), de la Syrie (233,5 de dollars), de l'Égypte (182,0 de dollars), de la Palestine (157,6 de dollars) et de la Jordanie (137,1 de dollars). La croissance du commerce en Israël était supérieure à celle de la Syrie (3,1%) et de la Jordanie (2,7%); mais inférieure à celle du Liban (12,3%), de la Palestine (8,6%) et de l'Égypte (5,1%).

Comparaison avec les leaders. La valeur ajoutée du commerce en Israël était inférieure à celle des États-Unis (1,2 billions de dollars), du Japon (713,2 milliards de dollars), de l'Allemagne (243,7 milliards de dollars), de l'Italie (185,6 milliards de dollars) et de la France (177,0 milliards de dollars). Le commerce par habitant en Israël était inférieur à celui du Japon (5 656,5 de dollars), des États-Unis (4 395,6 de dollars), de l'Italie (3 255,0 de dollars), de l'Allemagne (3 021,8 de dollars) et de la France (2 980,3 de dollars). La croissance du commerce en Israël était supérieure à celle des États-Unis (4,3%), du Japon (3,8%), de l'Allemagne (2,5%), de la France (2,4%) et de l'Italie (1,9%).

Les années 2000

Le commerce d'Israël était de 15,1 milliards de dollars par an dans les années 2000, se situant au 46ème rang mondial. La part dans le monde était de 0,24% et de 0,87% en Asie.

La part du commerce dans l'économie d'Israël était de 11,0% dans les années 2000, se situant au 174ème rang mondial.

Le commerce par habitant en Israël était de 2325.3 dollars dans les années 2000, se situant au 50ème rang mondial, à égalité avec Porto Rico (2 368,1 de dollars). Le commerce par habitant en Israël était 2,3 fois supérieur le commerce par habitant au Monde (990,3 US$), et 5,3 fois supérieur le commerce par habitant en Asie (438,7 US$).

La croissance du commerce en Israël était de 6.4% dans les années 2000, se situant au 54ème rang mondial. La croissance du commerce en Israël (6,4%) a été supérieure à celle du monde (2,7%), et supérieure à celle de l'Asie (4,5%).

Comparaison avec les voisins. Le secteur du commerce en Israël était supérieur à celui de la Syrie (6,1 milliards de dollars), du Liban

(3,3 milliards de dollars), de la Jordanie (1,4 milliards de dollars) et de la Palestine (670,2 millions de dollars); mais inférieur à celui de l'Égypte (16,2 milliards de dollars). Le commerce par habitant en Israël était supérieur à celui du Liban (731,6 de dollars), de la Syrie (328,6 de dollars), de la Jordanie (244,9 de dollars), de l'Égypte (215,7 de dollars) et de la Palestine (187,9 de dollars). La croissance du commerce en Israël était supérieure à celle de la Jordanie (5,9%), du Liban (3,8%), de l'Égypte (3,3%) et de la Palestine (1,3%); mais inférieure à celle de la Syrie (7,4%).

Comparaison avec les leaders. La valeur du commerce en Israël était inférieure à celle des États-Unis (1,9 billions de dollars), du Japon (771,8 milliards de dollars), de l'Allemagne (296,0 milliards de dollars), du Royaume-Uni (293,5 milliards de dollars) et de la Chine (262,0 milliards de dollars). Le commerce par habitant en Israël était supérieur à celui de la Chine (197,5 de dollars); mais inférieur à celui des États-Unis (6 383,1 de dollars), du Japon (6 021,3 de dollars), du Royaume-Uni (4 856,7 de dollars) et de l'Allemagne (3 637,0 de dollars). La croissance du commerce en Israël était supérieure à celle de l'Allemagne (1,7%), du Royaume-Uni (1,3%), des États-Unis (1,1%) et du Japon (-0,77%); mais inférieure à celle de la Chine (11,9%).

Les années 2010

La valeur ajoutée du commerce en Israël était de 32,4 milliards de dollars par an dans les années 2010, se situant au 43ème rang mondial. La part dans le monde était de 0,31% et de 0,89% en Asie.

La part du commerce dans l'économie d'Israël était de 11,7% dans les années 2010, se situant au 166ème rang mondial, à égalité avec les Îles Caïmans (11,6%), l'Océanie (11,6%), la république démocratique du Congo (11,8%).

Le commerce par habitant en Israël était de 4082.9 dollars dans les années 2010, se situant au 42ème rang mondial, à égalité avec l'Europe du Sud (4 035,5 de dollars), la Nouvelle-Calédonie (4 022,9 de dollars), Trinité-et-Tobago (4 003,1 de dollars). Le commerce par habitant en Israël était 2,8 fois supérieur le commerce par habitant au Monde (1 436,8 US$), et 5,0 fois supérieur le commerce par habitant en Asie (821,1 US$).

La croissance du commerce en Israël était de 5.2% dans les années 2010, au 56ème rang mondial, à égalité avec le Sri Lanka (5,2%), l'Estonie (5,2%), la République dominicaine (5,3%). La croissance du commerce en Israël (5,2%) a été supérieure à celle du monde (3,3%), et inférieure à celle de l'Asie (5,6%).

Comparaison avec les voisins. La valeur du commerce en Israël était 3,9 fois supérieure à celle du Liban (8,2 milliards de dollars), 4,7 fois supérieure à celle de la Syrie (6,9 milliards de dollars), 9,2 fois supérieure à celle de la Jordanie (3,5 milliards de dollars) et 11,1 fois supérieure à celle de la Palestine (2,9 milliards de dollars); mais 20,2% inférieure à celle de l'Égypte (40,5 milliards de dollars). Le commerce par habitant en Israël était 3,1 fois supérieur à celui du Liban (1 333,6 de dollars), 6,3 fois supérieur à celui de la Palestine (650,8 de dollars), 9,2 fois supérieur à celui de l'Égypte (443,2 de dollars), 10,3 fois supérieur à celui de la Jordanie (394,6 de dollars) et 11,2 fois supérieur à celui de la Syrie (366,0 de dollars). La croissance du commerce en Israël était supérieure à celle de l'Égypte (3,8%), de la Jordanie (2,1%), du Liban (0,41%) et de la Syrie (-4,9%); mais inférieure à celle de la Palestine (11,5%).

Comparaison avec les leaders. La valeur ajoutée du commerce en Israël était 80,8 fois inférieure à celle des États-Unis (2,6 billions de dollars), 36,9 fois inférieure à celle de la Chine (1,2 billions de dollars), 26,9 fois inférieure à celle du Japon (869,5 milliards de dollars), 11,5 fois inférieure à celle de l'Allemagne (372,6 milliards de dollars) et 10,2 fois inférieure à celle du Royaume-Uni (330,0 milliards de dollars). Le commerce par habitant en Israël était 4,8 fois supérieur à celui de la Chine (851,7 de dollars); mais 2,0 fois inférieur à celui des États-Unis (8 186,4 de dollars), 39,9% inférieur à celui du Japon (6 797,1 de dollars), 18,8% inférieur à celui du Royaume-Uni (5 030,4 de dollars) et 10,3% inférieur à celui de l'Allemagne (4 551,8 de dollars). La croissance du commerce en Israël était supérieure à celle du Royaume-Uni (2,8%), des États-Unis (2,3%), de l'Allemagne (2,0%) et du Japon (0,77%); mais inférieure à celle de la Chine (8,9%).

Chapitre IX. Services

(ISIC J-P)

Le secteur des services en Israël est passé de 5,2 milliards de dollars par an dans les années 1970 à 146,1 milliards de dollars par an dans les années 2010, c'est-à-dire 140,8 milliards de dollars ou de 28,0 fois. La variation a été de 118,5 milliards de dollars en raison de l'augmentation de 5,3 fois des prix, et de 14,7 milliards de dollars en raison de la croissance de productivité de 2,2 fois, et de 7,6 milliards de dollars en raison de la croissance démographique. La croissance annuelle moyenne des services était de 4,6%. La valeur minimale était de 2,2 milliards de dollars en 1970. La valeur maximale était de 189,8 milliards de dollars en 2019.

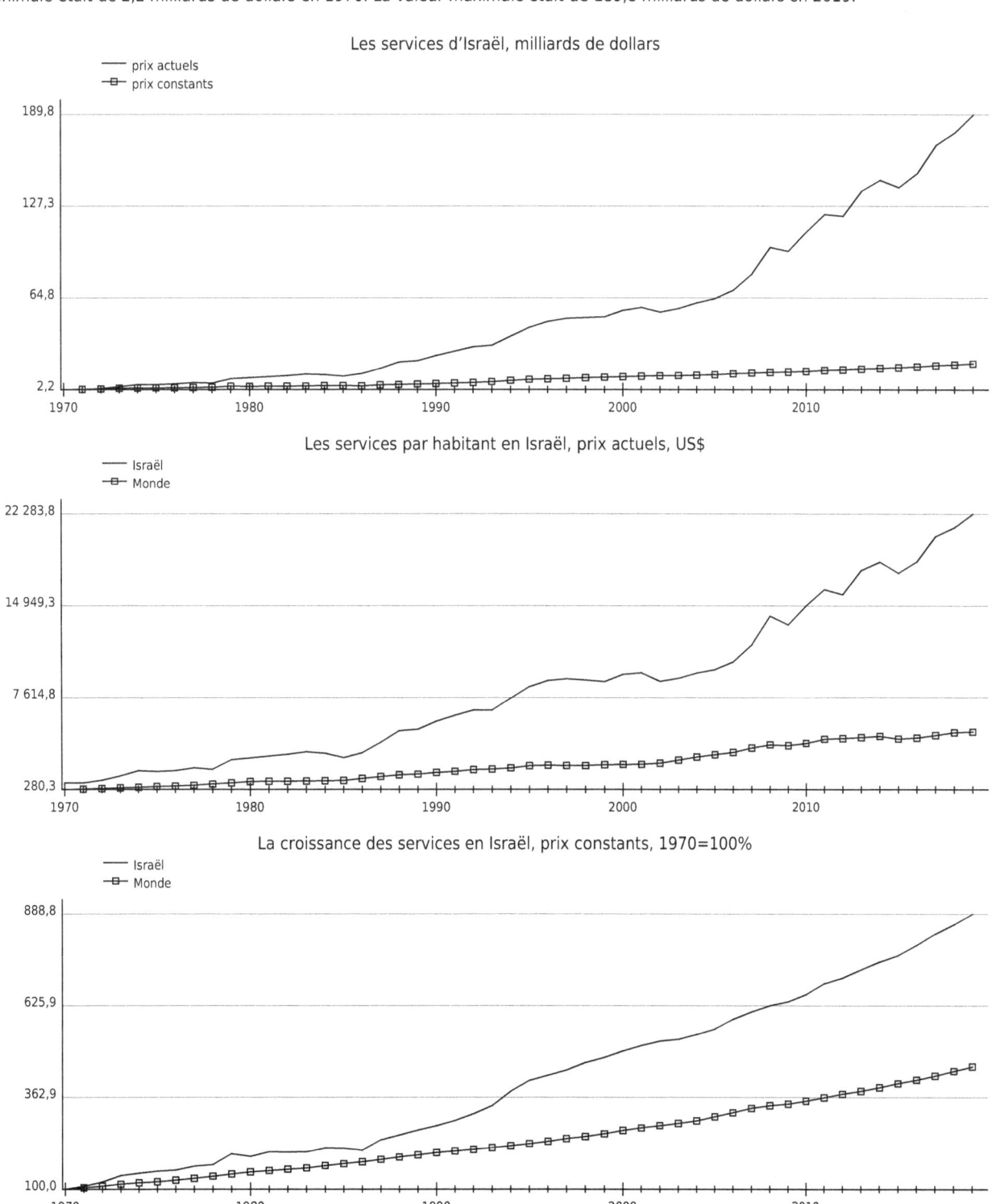

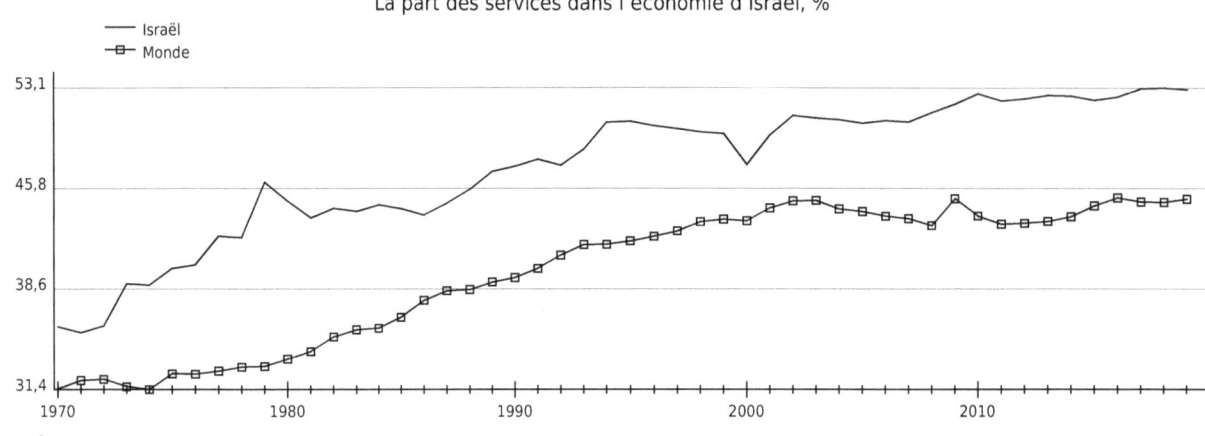

La part des services dans l'économie d'Israël, %

Les années 1970

La valeur des services en Israël était de 5,2 milliards de dollars par an dans les années 1970, au 35ème rang mondial. La part dans le monde était de 0,26% et de 1,8% en Asie.

La part des services dans l'économie d'Israël était de 40,7% dans les années 1970, se classant au 25ème rang mondial, à égalité avec les Pays-Bas (40,9%), la France (41,0%).

Les services par habitant en Israël étaient de 1614.2 dollars dans les années 1970, se situant au 28ème rang mondial, à égalité avec Bahreïn (1 615,2 de dollars), la Nouvelle-Calédonie (1 592,6 de dollars), le Koweït (1 592,4 de dollars). Les services par habitant en Israël étaient 3,2 fois supérieures les services par habitant au Monde (506,9 US$), et 13,3 fois supérieures les services par habitant en Asie (121,6 US$).

La croissance des services en Israël était de 8.1% dans les années 1970, se classant au 37ème rang mondial, à égalité avec la Palestine (8,0%). La croissance des services en Israël (8,1%) a été supérieure à celle du monde (4,1%), et supérieure à celle de l'Asie (6,5%).

Comparaison avec les voisins. Le secteur des services en Israël était supérieur à celui de l'Égypte (3,2 milliards de dollars), du Liban (1,6 milliards de dollars), de la Syrie (1,2 milliards de dollars), de la Jordanie (580,6 millions de dollars) et de la Palestine (184,5 millions de dollars). Les services par habitant en Israël étaient supérieures à celles du Liban (654,7 de dollars), de la Jordanie (286,3 de dollars), de la Syrie (155,2 de dollars), de la Palestine (142,4 de dollars) et de l'Égypte (84,9 de dollars). La croissance des services en Israël était supérieure à celle de la Palestine (8,0%), de la Jordanie (2,6%) et du Liban (-2,6%); mais inférieure à celle de la Syrie (13,1%) et de l'Égypte (9,8%).

Comparaison avec les leaders. Les services d'Israël étaient inférieures à celles des États-Unis (674,4 milliards de dollars), de l'URSS (168,3 milliards de dollars), du Japon (153,8 milliards de dollars), de l'Allemagne (150,2 milliards de dollars) et de la France (121,8 milliards de dollars). Les services par habitant en Israël étaient supérieures à celles du Japon (1 381,3 de dollars) et de l'URSS (667,3 de dollars); mais inférieures à celles des États-Unis (3 090,2 de dollars), de la France (2 271,8 de dollars) et de l'Allemagne (1 907,6 de dollars). La croissance des services en Israël était supérieure à celle du Japon (5,9%), de l'Allemagne (4,8%), de la France (3,9%), des États-Unis (3,3%) et de l'URSS (0,90%).

Les années 1980

Le secteur des services en Israël était de 14,3 milliards de dollars par an dans les années 1980, se situant au 36ème rang mondial. La part dans le monde était de 0,26% et de 1,4% en Asie.

La part des services dans l'économie d'Israël était de 45,0% dans les années 1980, se classant au 21ème rang mondial, à égalité avec les États-Unis (45,0%), la Belgique (45,0%), la France (45,2%).

Les services par habitant en Israël étaient de 3562.8 dollars dans les années 1980, se situant au 32ème rang mondial, à égalité avec l'Italie (3 575,8 de dollars). Les services par habitant en Israël étaient 3,2 fois supérieures les services par habitant au Monde (1 115,5 US$), et 10,1 fois supérieures les services par habitant en Asie (351,5 US$).

La croissance des services en Israël était de 3% dans les années 1980, au 111ème rang mondial, à égalité avec la Guinée (3,0%), la Micronésie (3,0%), l'Europe du Nord (3,0%). La croissance des services en Israël (3,0%) a été inférieure à celle du monde (3,3%), et

Chapitre IX. Services

inférieure à celle de l'Asie (5,3%).

Comparaison avec les voisins. La valeur ajoutée des services en Israël était supérieure à celle de l'Égypte (4,6 milliards de dollars), de la Syrie (3,1 milliards de dollars), de la Jordanie (2,0 milliards de dollars), du Liban (1,9 milliards de dollars) et de la Palestine (477,7 millions de dollars). Les services par habitant en Israël étaient supérieures à celles du Liban (736,6 de dollars), de la Jordanie (684,1 de dollars), de la Syrie (300,5 de dollars), de la Palestine (273,9 de dollars) et de l'Égypte (94,0 de dollars). La croissance des services en Israël était supérieure à celle de la Syrie (-0,80%) et du Liban (-2,7%); mais inférieure à celle de l'Égypte (8,7%), de la Jordanie (4,4%) et de la Palestine (3,2%).

Comparaison avec les leaders. La valeur des services en Israël était inférieure à celle des États-Unis (1,9 billions de dollars), du Japon (619,9 milliards de dollars), de l'Allemagne (362,2 milliards de dollars), de la France (294,5 milliards de dollars) et du Royaume-Uni (265,4 milliards de dollars). Les services par habitant en Israël étaient inférieures à celles des États-Unis (7 844,6 de dollars), de la France (5 211,0 de dollars), du Japon (5 111,4 de dollars), du Royaume-Uni (4 700,6 de dollars) et de l'Allemagne (4 642,6 de dollars). La croissance des services en Israël était supérieure à celle des États-Unis (2,8%) et de la France (2,3%); mais inférieure à celle du Japon (4,8%), du Royaume-Uni (3,3%) et de l'Allemagne (3,1%).

Les années 1990

La valeur des services en Israël était de 40,4 milliards de dollars par an dans les années 1990, se classant au 30ème rang mondial à égalité avec les Caraïbes (40,4 milliards de dollars). La part dans le monde était de 0,35% et de 1,6% en Asie.

La part des services dans l'économie d'Israël était de 49,5% dans les années 1990, au 12ème rang mondial, à égalité avec la Nouvelle-Calédonie (49,2%), l'Amérique septentrionale (49,9%), la France (49,0%).

Les services par habitant en Israël étaient de 7822.9 dollars dans les années 1990, se situant au 31ème rang mondial, à égalité avec d'Aruba (7 692,0 de dollars), la Nouvelle-Calédonie (8 007,5 de dollars). Les services par habitant en Israël étaient 3,9 fois supérieures les services par habitant au Monde (2 014,6 US$), et 10,7 fois supérieures les services par habitant en Asie (732,9 US$).

La croissance des services en Israël était de 5.9% dans les années 1990, se situant au 34ème rang mondial, à égalité avec d'Aruba (5,9%), d'Anguilla (5,9%). La croissance des services en Israël (5,9%) a été supérieure à celle du monde (2,7%), et supérieure à celle de l'Asie (4,5%).

Comparaison avec les voisins. Le secteur des services en Israël était supérieur à celui de l'Égypte (13,3 milliards de dollars), du Liban (4,9 milliards de dollars), de la Jordanie (2,5 milliards de dollars), de la Syrie (2,2 milliards de dollars) et de la Palestine (1,1 milliards de dollars). Les services par habitant en Israël étaient supérieures à celles du Liban (1 468,5 de dollars), de la Jordanie (557,5 de dollars), de la Palestine (436,4 de dollars), de l'Égypte (215,7 de dollars) et de la Syrie (155,9 de dollars). La croissance des services en Israël était supérieure à celle de l'Égypte (4,7%), de la Jordanie (3,9%) et de la Syrie (3,9%); mais inférieure à celle de la Palestine (10,1%) et du Liban (8,1%).

Comparaison avec les leaders. Le secteur des services en Israël était inférieur à celui des États-Unis (3,8 billions de dollars), du Japon (1,6 billions de dollars), de l'Allemagne (908,0 milliards de dollars), de la France (628,2 milliards de dollars) et du Royaume-Uni (592,3 milliards de dollars). Les services par habitant en Israël étaient inférieures à celles des États-Unis (14 354,4 de dollars), du Japon (12 820,4 de dollars), de l'Allemagne (11 259,5 de dollars), de la France (10 578,2 de dollars) et du Royaume-Uni (10 233,8 de dollars). La croissance des services en Israël était supérieure à celle de l'Allemagne (3,2%), du Royaume-Uni (3,0%), des États-Unis (2,3%), du Japon (1,7%) et de la France (1,6%).

Les années 2000

Le secteur des services en Israël était de 69,9 milliards de dollars par an dans les années 2000, se classant au 33ème rang mondial. La part dans le monde était de 0,36% et de 1,7% en Asie.

La part des services dans l'économie d'Israël était de 50,6% dans les années 2000, au 16ème rang mondial, à égalité avec l'Andorre (50,5%), les Amériques (50,5%), les Îles Marshall (50,3%).

Les services par habitant en Israël étaient de 10738.1 dollars dans les années 2000, se classant au 36ème rang mondial, à égalité avec Singapour (10 693,2 de dollars), la Nouvelle-Zélande (10 541,6 de dollars). Les services par habitant en Israël étaient 3,6 fois supérieures les services par habitant au Monde (3 011,2 US$), et 10,0 fois supérieures les services par habitant en Asie (1 071,6 US$).

La croissance des services en Israël était de 2.9% dans les années 2000, au 140ème rang mondial, à égalité avec le Kirghizistan

(2,9%), le Brésil (2,9%), Djibouti (2,9%). La croissance des services en Israël (2,9%) a été supérieure à celle du monde (2,9%), et inférieure à celle de l'Asie (5,5%).

Comparaison avec les voisins. Les services d'Israël étaient supérieures à celles de l'Égypte (25,9 milliards de dollars), du Liban (11,2 milliards de dollars), de la Jordanie (5,9 milliards de dollars), de la Syrie (5,3 milliards de dollars) et de la Palestine (2,1 milliards de dollars). Les services par habitant en Israël étaient supérieures à celles du Liban (2 499,5 de dollars), de la Jordanie (1 013,9 de dollars), de la Palestine (576,2 de dollars), de l'Égypte (345,4 de dollars) et de la Syrie (286,6 de dollars). La croissance des services en Israël était inférieure à celle de la Syrie (10,8%), de la Jordanie (6,0%), de l'Égypte (5,0%), du Liban (4,0%) et de la Palestine (3,9%).

Comparaison avec les leaders. Les services d'Israël étaient inférieures à celles des États-Unis (6,7 billions de dollars), du Japon (2,0 billions de dollars), de l'Allemagne (1,2 billions de dollars), du Royaume-Uni (1,1 billions de dollars) et de la France (997,0 milliards de dollars). Les services par habitant en Israël étaient inférieures à celles des États-Unis (22 883,5 de dollars), du Royaume-Uni (18 012,4 de dollars), de la France (15 875,1 de dollars), du Japon (15 302,2 de dollars) et de l'Allemagne (14 979,9 de dollars). La croissance des services en Israël était supérieure à celle du Royaume-Uni (2,7%), des États-Unis (2,0%), de la France (1,5%), du Japon (1,2%) et de l'Allemagne (0,57%).

Les années 2010

Le secteur des services en Israël était de 146,1 milliards de dollars par an dans les années 2010, au 30ème rang mondial à égalité avec le Danemark (146,7 milliards de dollars), l'Iran (148,7 milliards de dollars), l'Afrique de l'Ouest (148,9 milliards de dollars). La part dans le monde était de 0,45% et de 1,5% en Asie.

La part des services dans l'économie d'Israël était de 52,6% dans les années 2010, se situant au 24ème rang mondial, à égalité avec les Pays-Bas (52,6%), Saint-Martin (52,8%), la Grenade (53,1%).

Les services par habitant en Israël étaient de 18426.6 dollars dans les années 2010, se classant au 31ème rang mondial, à égalité avec le Qatar (18 616,1 de dollars), l'Autriche (18 889,6 de dollars). Les services par habitant en Israël étaient 4,1 fois supérieures les services par habitant au Monde (4 467,8 US$), et 8,6 fois supérieures les services par habitant en Asie (2 137,6 US$).

La croissance des services en Israël était de 3.4% dans les années 2010, se classant au 96ème rang mondial, à égalité avec la Thaïlande (3,4%), le Chili (3,4%), l'Afrique (3,4%). La croissance des services en Israël (3,4%) a été supérieure à celle du monde (2,7%), et inférieure à celle de l'Asie (5,4%).

Comparaison avec les voisins. Le secteur des services en Israël était 2,0 fois supérieur à celui de l'Égypte (72,0 milliards de dollars), 5,9 fois supérieur à celui du Liban (24,7 milliards de dollars), 9,4 fois supérieur à celui de la Jordanie (15,5 milliards de dollars), 27,5 fois supérieur à celui de la Syrie (5,3 milliards de dollars) et 31,4 fois supérieur à celui de la Palestine (4,7 milliards de dollars). Les services par habitant en Israël étaient 4,6 fois supérieures à celles du Liban (3 999,6 de dollars), 10,6 fois supérieures à celles de la Jordanie (1 734,8 de dollars), 17,8 fois supérieures à celles de la Palestine (1 034,4 de dollars), 23,4 fois supérieures à celles de l'Égypte (787,3 de dollars) et 65,1 fois supérieures à celles de la Syrie (282,9 de dollars). La croissance des services en Israël était supérieure à celle de la Jordanie (3,0%), de la Palestine (2,3%), du Liban (1,7%) et de la Syrie (-4,6%); mais inférieure à celle de l'Égypte (4,0%).

Comparaison avec les leaders. Les services d'Israël étaient 68,2 fois inférieures à celles des États-Unis (10,0 billions de dollars), 24,3 fois inférieures à celles de la Chine (3,5 billions de dollars), 15,6 fois inférieures à celles du Japon (2,3 billions de dollars), 11,0 fois inférieures à celles de l'Allemagne (1,6 billions de dollars) et 9,3 fois inférieures à celles du Royaume-Uni (1,4 billions de dollars). Les services par habitant en Israël étaient 3,7% supérieures à celles du Japon (17 771,8 de dollars) et 7,3 fois supérieures à celles de la Chine (2 529,2 de dollars); mais 40,9% inférieures à celles des États-Unis (31 159,6 de dollars), 10,8% inférieures à celles du Royaume-Uni (20 663,8 de dollars) et 6,2% inférieures à celles de l'Allemagne (19 637,7 de dollars). La croissance des services en Israël était supérieure à celle des États-Unis (1,8%), du Royaume-Uni (1,7%), de l'Allemagne (1,2%) et du Japon (0,99%); mais inférieure à celle de la Chine (8,4%).

Partie III. Relations extérieures

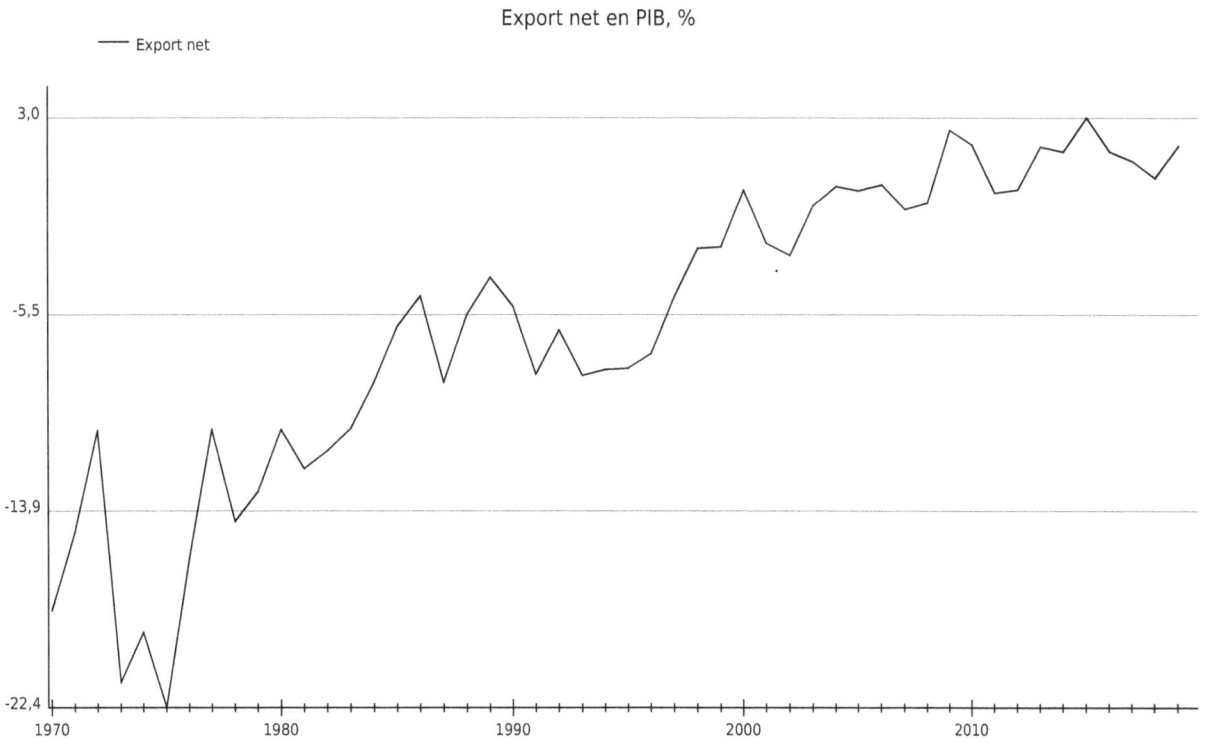

Chapitre X. Exportations

La valeur des exportations en Israël est passé de 3,8 milliards de dollars par an dans les années 1970 à 97,7 milliards de dollars par an dans les années 2010, c'est-à-dire 94,0 milliards de dollars ou de 25,9 fois. La variation a été de 61,9 milliards de dollars en raison de l'augmentation de 2,7 fois des prix, et de 26,6 milliards de dollars en raison de la croissance du taux par habitant de 3,9 fois, et de 5,5 milliards de dollars en raison de la croissance démographique. La croissance annuelle moyenne des exportations était de 6,0%. La valeur minimale était de 1,3 milliards de dollars en 1970. La valeur maximale était de 114,3 milliards de dollars en 2019.

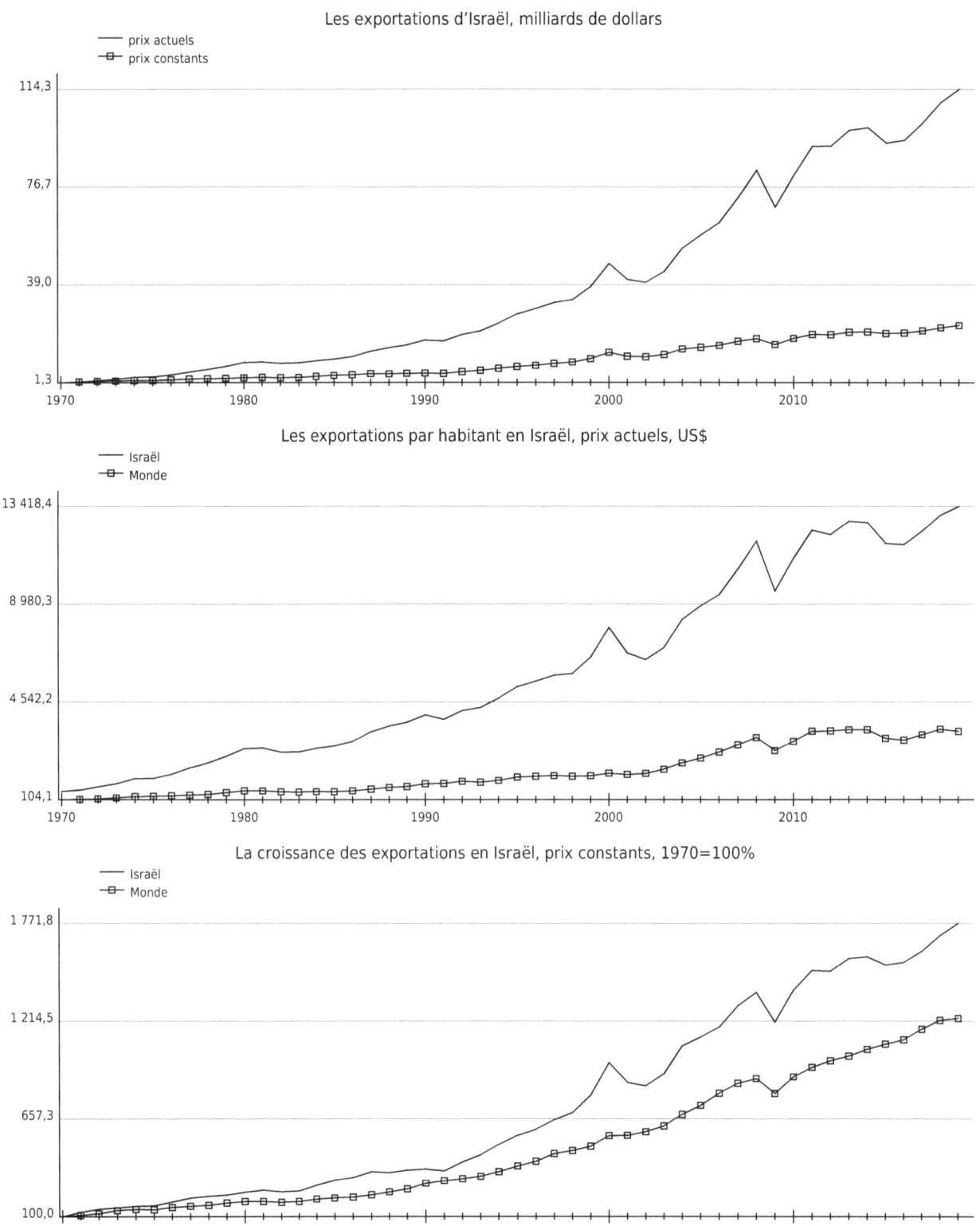

Chapitre X. Exportations

Les années 1970

Les exportations d'Israël étaient de 3,8 milliards de dollars par an dans les années 1970, se situant au 45ème rang mondial à égalité avec la Grèce (3,8 milliards de dollars), l'Irlande (3,8 milliards de dollars), la Hongrie (3,9 milliards de dollars). La part dans le monde était de 0,39% et de 1,8% en Asie.

La part des exportations dans le PIB d'Israël était de 29,0% dans les années 1970, se classant au 86ème rang mondial.

Les exportations par habitant en Israël étaient de 1166 dollars dans les années 1970, se classant au 39ème rang mondial, à égalité avec Trinité-et-Tobago (1 166,3 de dollars), Chypre (1 150,3 de dollars), l'Andorre (1 143,6 de dollars). Les exportations par habitant en Israël étaient 4,8 fois supérieures les exportations par habitant au Monde (242,1 US$), et 12,8 fois supérieures les exportations par habitant en Asie (90,8 US$).

La croissance des exportations en Israël était de 9.2% dans les années 1970, se situant au 39ème rang mondial, à égalité avec la Hongrie (9,1%). La croissance des exportations en Israël (9,2%) a été supérieure à celle du monde (6,5%), et supérieure à celle de l'Asie (7,9%).

Comparaison avec les voisins. Les exportations d'Israël étaient supérieures à celles de l'Égypte (2,3 milliards de dollars), de la Syrie (934,6 millions de dollars), du Liban (806,2 millions de dollars), de la Jordanie (431,3 millions de dollars) et de la Palestine (79,9 millions de dollars). Les exportations par habitant en Israël étaient supérieures à celles du Liban (321,8 de dollars), de la Jordanie (212,7 de dollars), de la Syrie (125,7 de dollars), de la Palestine (61,6 de dollars) et de l'Égypte (60,4 de dollars). La croissance des exportations en Israël était supérieure à celle de l'Égypte (6,5%), du Liban (3,9%) et de la Syrie (2,2%); mais inférieure à celle de la Jordanie (23,9%) et de la Palestine (13,6%).

Comparaison avec les leaders. La valeur des exportations en Israël était inférieure à celle des États-Unis (128,0 milliards de dollars), de l'Allemagne (82,9 milliards de dollars), de la France (64,3 milliards de dollars), du Japon (64,1 milliards de dollars) et du Royaume-Uni (61,3 milliards de dollars). Les exportations par habitant en Israël étaient supérieures à celles du Royaume-Uni (1 094,1 de dollars), de l'Allemagne (1 052,2 de dollars), des États-Unis (586,5 de dollars) et du Japon (575,8 de dollars); mais inférieures à celles de la France (1 199,1 de dollars). La croissance des exportations en Israël était supérieure à celle du Japon (8,6%), de la France (7,8%), des États-Unis (6,8%), de l'Allemagne (5,1%) et du Royaume-Uni (5,0%).

Les années 1980

La valeur des exportations en Israël était de 11,0 milliards de dollars par an dans les années 1980, se classant au 44ème rang mondial. La part dans le monde était de 0,43% et de 1,7% en Asie.

La part des exportations dans le PIB d'Israël était de 32,5% dans les années 1980, se situant au 77ème rang mondial, à égalité avec Cuba (32,4%), l'Autriche (32,7%).

Les exportations par habitant en Israël étaient de 2754.1 dollars dans les années 1980, se situant au 39ème rang mondial, à égalité avec d'Antigua-et-Barbuda (2 756,8 de dollars), la France (2 757,6 de dollars), le Royaume-Uni (2 744,8 de dollars). Les exportations par habitant en Israël étaient 5,2 fois supérieures les exportations par habitant au Monde (529,9 US$), et 12,0 fois supérieures les exportations par habitant en Asie (229,0 US$).

La croissance des exportations en Israël était de 5.1% dans les années 1980, se classant au 65ème rang mondial, à égalité avec la

République centrafricaine (5,1%), les Amériques (5,1%), le Danemark (5,1%). La croissance des exportations en Israël (5,1%) a été supérieure à celle du monde (3,8%), et supérieure à celle de l'Asie (4,1%).

Comparaison avec les voisins. Les exportations d'Israël étaient supérieures à celles de l'Égypte (4,7 milliards de dollars), de la Syrie (2,1 milliards de dollars), de la Jordanie (2,1 milliards de dollars), du Liban (1,1 milliards de dollars) et de la Palestine (204,7 millions de dollars). Les exportations par habitant en Israël étaient supérieures à celles de la Jordanie (722,4 de dollars), du Liban (398,1 de dollars), de la Syrie (203,8 de dollars), de la Palestine (117,3 de dollars) et de l'Égypte (96,4 de dollars). La croissance des exportations en Israël était supérieure à celle de la Syrie (4,9%), de la Palestine (2,1%) et du Liban (-7,5%); mais inférieure à celle de la Jordanie (6,7%) et de l'Égypte (5,2%).

Comparaison avec les leaders. La valeur des exportations en Israël était inférieure à celle des États-Unis (338,6 milliards de dollars), du Japon (210,6 milliards de dollars), de l'Allemagne (208,1 milliards de dollars), de la France (155,9 milliards de dollars) et du Royaume-Uni (155,0 milliards de dollars). Les exportations par habitant en Israël étaient supérieures à celles du Royaume-Uni (2 744,8 de dollars), de l'Allemagne (2 667,0 de dollars), du Japon (1 736,5 de dollars) et des États-Unis (1 413,8 de dollars); mais inférieures à celles de la France (2 757,6 de dollars). La croissance des exportations en Israël était supérieure à celle de l'Allemagne (4,7%), de la France (4,0%) et du Royaume-Uni (3,0%); mais inférieure à celle du Japon (6,7%) et des États-Unis (5,7%).

Les années 1990

La valeur des exportations en Israël était de 26,0 milliards de dollars par an dans les années 1990, se situant au 37ème rang mondial. La part dans le monde était de 0,44% et de 1,6% en Asie.

La part des exportations dans le PIB d'Israël était de 28,3% dans les années 1990, se classant au 111ème rang mondial, à égalité avec l'Europe (28,3%), le Togo (28,1%).

Les exportations par habitant en Israël étaient de 5043.4 dollars dans les années 1990, au 39ème rang mondial, à égalité avec l'Andorre (4 944,8 de dollars), les Seychelles (4 936,4 de dollars). Les exportations par habitant en Israël étaient 4,9 fois supérieures les exportations par habitant au Monde (1 029,5 US$), et 11,0 fois supérieures les exportations par habitant en Asie (456,7 US$).

La croissance des exportations en Israël était de 8.1% dans les années 1990, se classant au 49ème rang mondial, à égalité avec le Canada (8,0%), la Finlande (8,0%), la République dominicaine (8,1%). La croissance des exportations en Israël (8,1%) a été supérieure à celle du monde (6,9%), et inférieure à celle de l'Asie (8,1%).

Comparaison avec les voisins. La valeur des exportations en Israël était supérieure à celle de l'Égypte (13,1 milliards de dollars), de la Syrie (4,4 milliards de dollars), de la Jordanie (3,2 milliards de dollars), du Liban (1,5 milliards de dollars) et de la Palestine (502,0 millions de dollars). Les exportations par habitant en Israël étaient supérieures à celles de la Jordanie (726,2 de dollars), du Liban (453,0 de dollars), de la Syrie (308,6 de dollars), de l'Égypte (212,3 de dollars) et de la Palestine (194,4 de dollars). La croissance des exportations en Israël était supérieure à celle du Liban (6,3%), de l'Égypte (3,8%) et de la Jordanie (1,2%); mais inférieure à celle de la Palestine (12,7%) et de la Syrie (10,7%).

Comparaison avec les leaders. Les exportations d'Israël étaient inférieures à celles des États-Unis (773,6 milliards de dollars), de l'Allemagne (509,0 milliards de dollars), du Japon (418,7 milliards de dollars), de la France (329,8 milliards de dollars) et du Royaume-Uni (324,3 milliards de dollars). Les exportations par habitant en Israël étaient supérieures à celles du Japon (3 320,8 de dollars) et des États-Unis (2 925,3 de dollars); mais inférieures à celles de l'Allemagne (6 311,2 de dollars), du Royaume-Uni (5 602,2 de dollars) et de la France (5 553,9 de dollars). La croissance des exportations en Israël était supérieure à celle des États-Unis (7,2%), de la France (6,5%), de l'Allemagne (6,0%), du Royaume-Uni (5,7%) et du Japon (4,2%).

Les années 2000

Les exportations d'Israël étaient de 57,0 milliards de dollars par an dans les années 2000, se classant au 40ème rang mondial. La part dans le monde était de 0,45% et de 1,4% en Asie.

La structure des exportations: produits primaires (2,8%), articles manufacturés provenant de ressources naturelles (39,3%), articles manufacturés à faible technologie (8,3%), articles manufacturés de technologie moyenne (16,2%), articles manufacturés à haute technologie (22,2%).

D'Israël a exporté des marchandises vers les États-Unis (37,9%), la Belgique (7,2%), Hong Kong (5,7%), le Royaume-Uni (3,8%), l'Allemagne (3,7%) et d'autres pays (41,7%).

Chapitre X. Exportations

La part des exportations dans le PIB d'Israël était de 36,9% dans les années 2000, se classant au 99ème rang mondial, à égalité avec la Syrie (36,6%), l'Afrique du Nord (36,5%).

Les exportations par habitant en Israël étaient de 8755 dollars dans les années 2000, se classant au 42ème rang mondial, à égalité avec les Seychelles (8 553,2 de dollars). Les exportations par habitant en Israël étaient 4,5 fois supérieures les exportations par habitant au Monde (1 933,7 US$), et 8,7 fois supérieures les exportations par habitant en Asie (1 011,8 US$).

La croissance des exportations en Israël était de 4.3% dans les années 2000, se classant au 105ème rang mondial, à égalité avec la Namibie (4,3%), l'Eswatini (4,3%), la Birmanie (4,4%). La croissance des exportations en Israël (4,3%) a été inférieure à celle du monde (4,8%), et inférieure à celle de l'Asie (7,5%).

Comparaison avec les voisins. Les exportations d'Israël étaient supérieures à celles de l'Égypte (29,8 milliards de dollars), de la Syrie (11,6 milliards de dollars), de la Jordanie (7,2 milliards de dollars), du Liban (6,7 milliards de dollars) et de la Palestine (791,5 millions de dollars). Les exportations par habitant en Israël étaient supérieures à celles du Liban (1 485,4 de dollars), de la Jordanie (1 230,0 de dollars), de la Syrie (626,8 de dollars), de l'Égypte (398,0 de dollars) et de la Palestine (221,9 de dollars). La croissance des exportations en Israël était supérieure à celle de la Palestine (3,4%) et de la Syrie (1,1%); mais inférieure à celle du Liban (9,1%), de l'Égypte (6,9%) et de la Jordanie (6,3%).

Comparaison avec les leaders. La valeur des exportations en Israël était inférieure à celle des États-Unis (1,3 billions de dollars), de l'Allemagne (1,0 billions de dollars), de la Chine (780,2 milliards de dollars), du Japon (626,3 milliards de dollars) et du Royaume-Uni (591,1 milliards de dollars). Les exportations par habitant en Israël étaient supérieures à celles du Japon (4 886,4 de dollars), des États-Unis (4 488,4 de dollars) et de la Chine (588,1 de dollars); mais inférieures à celles de l'Allemagne (12 836,9 de dollars) et du Royaume-Uni (9 780,7 de dollars). La croissance des exportations en Israël était supérieure à celle du Japon (3,5%), des États-Unis (3,3%) et du Royaume-Uni (2,8%); mais inférieure à celle de la Chine (12,7%) et de l'Allemagne (5,0%).

Les années 2010

Les exportations d'Israël étaient de 97,7 milliards de dollars par an dans les années 2010, au 41ème rang mondial à égalité avec la Finlande (98,4 milliards de dollars). La part dans le monde était de 0,43% et de 1,1% en Asie.

La structure des exportations: produits primaires (2,9%), articles manufacturés provenant de ressources naturelles (35,5%), articles manufacturés à faible technologie (6,7%), articles manufacturés de technologie moyenne (22,3%), articles manufacturés à haute technologie (31,6%).

D'Israël a exporté des marchandises vers les États-Unis (29,6%), Hong Kong (8,0%), le Royaume-Uni (6,3%), la Chine (5,1%), la Belgique (4,8%) et d'autres pays (46,1%).

La part des exportations dans le PIB d'Israël était de 31,6% dans les années 2010, se situant au 123ème rang mondial, à égalité avec le Chili (31,6%), l'Asie (31,6%), l'Arménie (31,5%).

Les exportations par habitant en Israël étaient de 12327.7 dollars dans les années 2010, au 46ème rang mondial, à égalité avec le Royaume-Uni (12 425,4 de dollars), les Seychelles (12 187,9 de dollars), la Hongrie (12 159,2 de dollars). Les exportations par habitant en Israël étaient 4,0 fois supérieures les exportations par habitant au Monde (3 098,9 US$), et 6,3 fois supérieures les exportations par habitant en Asie (1 964,3 US$).

La croissance des exportations en Israël était de 3.9% dans les années 2010, se classant au 111ème rang mondial, à égalité avec la Nouvelle-Calédonie (3,9%), l'Islande (3,9%), le Liechtenstein (3,9%). La croissance des exportations en Israël (3,9%) a été inférieure à celle du monde (4,4%), et inférieure à celle de l'Asie (5,3%).

Comparaison avec les voisins. La valeur des exportations en Israël était 2,3 fois supérieure à celle de l'Égypte (43,2 milliards de dollars), 6,8 fois supérieure à celle de la Jordanie (14,4 milliards de dollars), 8,0 fois supérieure à celle du Liban (12,2 milliards de dollars), 9,8 fois supérieure à celle de la Syrie (9,9 milliards de dollars) et 45,2 fois supérieure à celle de la Palestine (2,2 milliards de dollars). Les exportations par habitant en Israël étaient 6,2 fois supérieures à celles du Liban (1 976,2 de dollars), 7,6 fois supérieures à celles de la Jordanie (1 615,4 de dollars), 23,3 fois supérieures à celles de la Syrie (529,2 de dollars), 25,7 fois supérieures à celles de la Palestine (480,4 de dollars) et 26,1 fois supérieures à celles de l'Égypte (472,4 de dollars). La croissance des exportations en Israël était supérieure à celle de la Jordanie (2,7%), de l'Égypte (0,62%), du Liban (-0,23%) et de la Syrie (-12,3%); mais inférieure à celle de la Palestine (4,9%).

Comparaison avec les leaders. Les exportations d'Israël étaient 23,5 fois inférieures à celles de la Chine (2,3 billions de dollars), 23,2 fois inférieures à celles des États-Unis (2,3 billions de dollars), 17,2 fois inférieures à celles de l'Allemagne (1,7 billions de dollars), 8,8 fois inférieures à celles du Japon (859,4 milliards de dollars) et 8,3 fois inférieures à celles du Royaume-Uni (815,1 milliards de dollars). Les exportations par habitant en Israël étaient 73,5% supérieures à celles des États-Unis (7 104,2 de dollars), 83,5% supérieures à celles du Japon (6 718,2 de dollars) et 7,5 fois supérieures à celles de la Chine (1 635,3 de dollars); mais 40,1% inférieures à celles de l'Allemagne (20 563,4 de dollars) et 0,79% inférieures à celles du Royaume-Uni (12 425,4 de dollars). La croissance des exportations en Israël était supérieure à celle des États-Unis (3,7%) et du Royaume-Uni (3,1%); mais inférieure à celle de la Chine (6,8%), de l'Allemagne (4,7%) et du Japon (4,6%).

Chapitre XI. Importations

La valeur des importations en Israël est passé de 5,8 milliards de dollars par an dans les années 1970 à 93,6 milliards de dollars par an dans les années 2010, c'est-à-dire 87,8 milliards de dollars ou de 16,1 fois. La variation a été de 56,4 milliards de dollars en raison de l'augmentation de 2,5 fois des prix, et de 22,9 milliards de dollars en raison de la croissance du taux par habitant de 2,6 fois, et de 8,5 milliards de dollars en raison de la croissance démographique. La croissance annuelle moyenne des importations était de 5,0%. La valeur minimale était de 2,4 milliards de dollars en 1970. La valeur maximale était de 107,5 milliards de dollars en 2018.

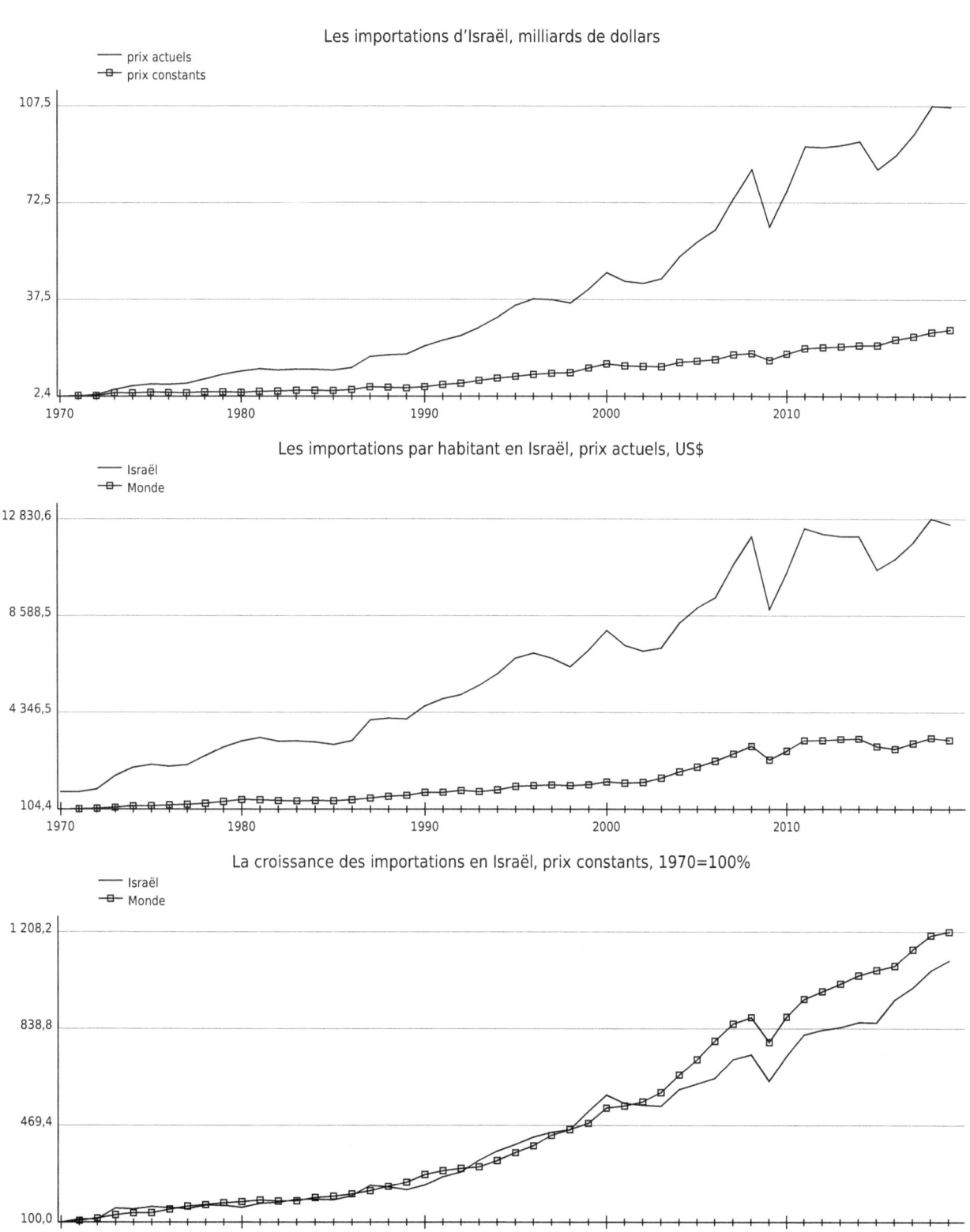

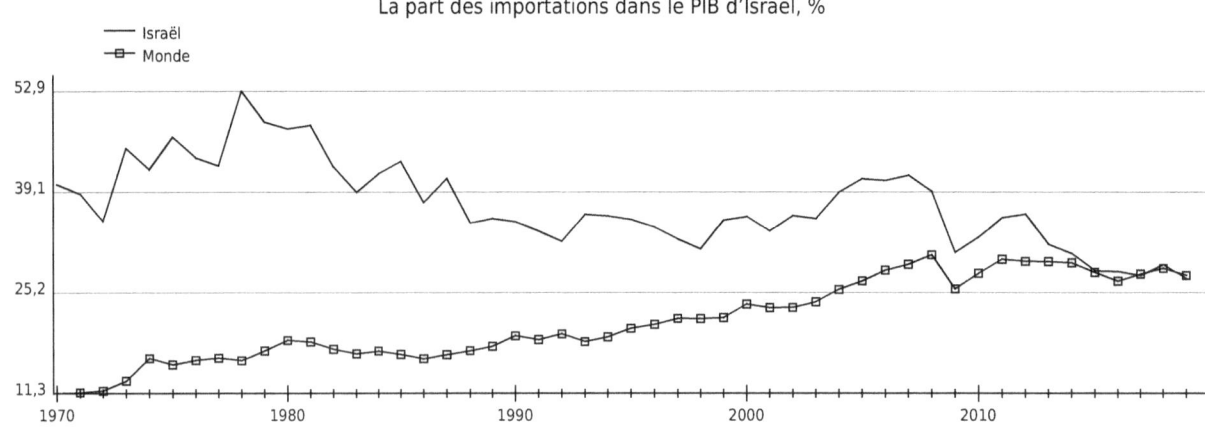

La part des importations dans le PIB d'Israël, %

Les années 1970

Les importations d'Israël étaient de 5,8 milliards de dollars par an dans les années 1970, au 34ème rang mondial à égalité avec Porto Rico (6,0 milliards de dollars), l'Inde (6,0 milliards de dollars). La part dans le monde était de 0,59% et de 3,2% en Asie.

La part des importations dans le PIB d'Israël était de 44,9% dans les années 1970, se classant au 61ème rang mondial.

Les importations par habitant en Israël étaient de 1802.2 dollars dans les années 1970, se situant au 31ème rang mondial, à égalité avec Malte (1 804,9 de dollars), Macao (1 816,1 de dollars), les Îles Turks-et-Caïcos (1 831,6 de dollars). Les importations par habitant en Israël étaient 7,4 fois supérieures les importations par habitant au Monde (244,3 US$), et 22,6 fois supérieures les importations par habitant en Asie (79,6 US$).

La croissance des importations en Israël était de 5.6% dans les années 1970, se situant au 99ème rang mondial, à égalité avec l'Allemagne (5,6%), la Pologne (5,6%), l'Europe du Sud (5,6%). La croissance des importations en Israël (5,6%) a été inférieure à celle du monde (6,3%), et inférieure à celle de l'Asie (9,6%).

Comparaison avec les voisins. Les importations d'Israël étaient supérieures à celles de l'Égypte (3,6 milliards de dollars), de la Syrie (1,6 milliards de dollars), du Liban (1,6 milliards de dollars), de la Jordanie (1,0 milliards de dollars) et de la Palestine (392,5 millions de dollars). Les importations par habitant en Israël étaient supérieures à celles du Liban (627,4 de dollars), de la Jordanie (514,5 de dollars), de la Palestine (302,8 de dollars), de la Syrie (220,0 de dollars) et de l'Égypte (93,9 de dollars). La croissance des importations en Israël était supérieure à celle du Liban (3,1%); mais inférieure à celle de la Jordanie (18,6%), de la Palestine (11,6%), de la Syrie (10,3%) et de l'Égypte (8,8%).

Comparaison avec les leaders. Les importations d'Israël étaient inférieures à celles des États-Unis (133,2 milliards de dollars), de l'Allemagne (92,5 milliards de dollars), de la France (63,3 milliards de dollars), du Royaume-Uni (62,4 milliards de dollars) et du Japon (61,0 milliards de dollars). Les importations par habitant en Israël étaient supérieures à celles de la France (1 181,1 de dollars), de l'Allemagne (1 175,1 de dollars), du Royaume-Uni (1 113,2 de dollars), des États-Unis (610,4 de dollars) et du Japon (547,6 de dollars). La croissance des importations en Israël était supérieure à celle de l'Allemagne (5,6%), des États-Unis (5,1%) et du Royaume-Uni (4,5%); mais inférieure à celle de la France (7,2%) et du Japon (7,0%).

Les années 1980

La valeur des importations en Israël était de 13,6 milliards de dollars par an dans les années 1980, se classant au 36ème rang mondial à égalité avec la Thaïlande (13,5 milliards de dollars), le Venezuela (13,4 milliards de dollars), l'Irlande (13,8 milliards de dollars). La part dans le monde était de 0,52% et de 2,3% en Asie.

La part des importations dans le PIB d'Israël était de 40,1% dans les années 1980, se situant au 76ème rang mondial, à égalité avec la Libye (40,1%).

Les importations par habitant en Israël étaient de 3394.9 dollars dans les années 1980, au 37ème rang mondial, à égalité avec les Îles Vierges britanniques (3 391,0 de dollars), d'Antigua-et-Barbuda (3 454,2 de dollars), l'Europe du Nord (3 472,4 de dollars). Les importations par habitant en Israël étaient 6,3 fois supérieures les importations par habitant au Monde (539,1 US$), et 16,0 fois supérieures les importations par habitant en Asie (211,9 US$).

La croissance des importations en Israël était de 3.1% dans les années 1980, au 88ème rang mondial, à égalité avec le Danemark

Chapitre XI. Importations

(3,1%). La croissance des importations en Israël (3,1%) a été inférieure à celle du monde (3,8%), et inférieure à celle de l'Asie (4,9%).

Comparaison avec les voisins. La valeur des importations en Israël était supérieure à celle de l'Égypte (7,7 milliards de dollars), de la Syrie (3,8 milliards de dollars), de la Jordanie (3,8 milliards de dollars), du Liban (2,6 milliards de dollars) et de la Palestine (964,3 millions de dollars). Les importations par habitant en Israël étaient supérieures à celles de la Jordanie (1 324,5 de dollars), du Liban (993,5 de dollars), de la Palestine (552,8 de dollars), de la Syrie (363,8 de dollars) et de l'Égypte (158,8 de dollars). La croissance des importations en Israël était supérieure à celle de l'Égypte (2,8%), de la Palestine (2,2%), de la Syrie (1,0%) et du Liban (-2,1%); mais inférieure à celle de la Jordanie (3,5%).

Comparaison avec les leaders. La valeur des importations en Israël était inférieure à celle des États-Unis (417,2 milliards de dollars), de l'Allemagne (225,6 milliards de dollars), du Japon (175,9 milliards de dollars), de la France (162,0 milliards de dollars) et du Royaume-Uni (157,7 milliards de dollars). Les importations par habitant en Israël étaient supérieures à celles de l'Allemagne (2 891,9 de dollars), de la France (2 867,2 de dollars), du Royaume-Uni (2 793,0 de dollars), des États-Unis (1 742,4 de dollars) et du Japon (1 450,4 de dollars). La croissance des importations en Israël était inférieure à celle des États-Unis (5,8%), du Royaume-Uni (5,1%), du Japon (4,6%), de la France (4,3%) et de l'Allemagne (3,3%).

Les années 1990

Les importations d'Israël étaient de 31,3 milliards de dollars par an dans les années 1990, se situant au 33ème rang mondial à égalité avec la Pologne (30,7 milliards de dollars), la Grèce (30,6 milliards de dollars). La part dans le monde était de 0,54% et de 2,1% en Asie.

La part des importations dans le PIB d'Israël était de 34,0% dans les années 1990, se classant au 127ème rang mondial, à égalité avec le Portugal (34,0%), la Bulgarie (34,1%).

Les importations par habitant en Israël étaient de 6069.9 dollars dans les années 1990, au 36ème rang mondial, à égalité avec la Nouvelle-Calédonie (6 011,0 de dollars), le Qatar (5 979,9 de dollars), l'Allemagne (6 220,3 de dollars). Les importations par habitant en Israël étaient 6,0 fois supérieures les importations par habitant au Monde (1 015,5 US$), et 14,1 fois supérieures les importations par habitant en Asie (430,1 US$).

La croissance des importations en Israël était de 8.9% dans les années 1990, se situant au 41ème rang mondial, à égalité avec le Paraguay (8,9%), le Népal (8,9%), l'Asie du Sud-Est (8,9%). La croissance des importations en Israël (8,9%) a été supérieure à celle du monde (6,6%), et supérieure à celle de l'Asie (6,8%).

Comparaison avec les voisins. Les importations d'Israël étaient supérieures à celles de l'Égypte (17,3 milliards de dollars), du Liban (5,2 milliards de dollars), de la Syrie (5,2 milliards de dollars), de la Jordanie (4,6 milliards de dollars) et de la Palestine (2,3 milliards de dollars). Les importations par habitant en Israël étaient supérieures à celles du Liban (1 551,7 de dollars), de la Jordanie (1 047,5 de dollars), de la Palestine (880,3 de dollars), de la Syrie (366,6 de dollars) et de l'Égypte (279,8 de dollars). La croissance des importations en Israël était supérieure à celle du Liban (4,3%), de l'Égypte (1,2%), de la Syrie (1,1%) et de la Jordanie (-0,81%); mais inférieure à celle de la Palestine (11,2%).

Comparaison avec les leaders. Les importations d'Israël étaient inférieures à celles des États-Unis (874,1 milliards de dollars), de l'Allemagne (501,6 milliards de dollars), du Japon (355,9 milliards de dollars), du Royaume-Uni (330,2 milliards de dollars) et de la France (308,5 milliards de dollars). Les importations par habitant en Israël étaient supérieures à celles du Royaume-Uni (5 705,3 de dollars), de la France (5 194,4 de dollars), des États-Unis (3 305,6 de dollars) et du Japon (2 822,9 de dollars); mais inférieures à celles de l'Allemagne (6 220,3 de dollars). La croissance des importations en Israël était supérieure à celle des États-Unis (8,3%), de l'Allemagne (6,4%), de la France (5,1%), du Royaume-Uni (5,1%) et du Japon (3,3%).

Les années 2000

La valeur des importations en Israël était de 57,6 milliards de dollars par an dans les années 2000, au 39ème rang mondial à égalité avec l'Afrique de l'Ouest (58,3 milliards de dollars). La part dans le monde était de 0,47% et de 1,6% en Asie.

La structure des importations: produits primaires (9,3%), articles manufacturés provenant de ressources naturelles (31,2%), articles manufacturés à faible technologie (11,3%), articles manufacturés de technologie moyenne (25,9%), articles manufacturés à haute technologie (19,3%).

D'Israël a importé des marchandises en provenance les États-Unis (23,4%), la Belgique (7,7%), l'Allemagne (7,4%), le Royaume-Uni

(5,6%), la Chine (5,2%) et d'autres pays (50,8%).

La part des importations dans le PIB d'Israël était de 37,2% dans les années 2000, se classant au 126ème rang mondial, à égalité avec le Portugal (37,0%), la Polynésie française (36,9%).

Les importations par habitant en Israël étaient de 8838.9 dollars dans les années 2000, se classant au 44ème rang mondial, à égalité avec la France (9 014,6 de dollars). Les importations par habitant en Israël étaient 4,7 fois supérieures les importations par habitant au Monde (1 899,9 US$), et 9,8 fois supérieures les importations par habitant en Asie (898,2 US$).

La croissance des importations en Israël était de 2% dans les années 2000, au 174ème rang mondial, à égalité avec le Groenland (2,0%). La croissance des importations en Israël (2,0%) a été inférieure à celle du monde (5,1%), et inférieure à celle de l'Asie (7,8%).

Comparaison avec les voisins. La valeur des importations en Israël était supérieure à celle de l'Égypte (34,3 milliards de dollars), du Liban (11,9 milliards de dollars), de la Jordanie (11,1 milliards de dollars), de la Syrie (10,8 milliards de dollars) et de la Palestine (3,5 milliards de dollars). Les importations par habitant en Israël étaient supérieures à celles du Liban (2 649,2 de dollars), de la Jordanie (1 910,3 de dollars), de la Palestine (970,2 de dollars), de la Syrie (587,1 de dollars) et de l'Égypte (457,4 de dollars). La croissance des importations en Israël était supérieure à celle de la Palestine (1,3%); mais inférieure à celle de la Jordanie (9,6%), du Liban (6,6%), de l'Égypte (6,1%) et de la Syrie (4,6%).

Comparaison avec les leaders. La valeur des importations en Israël était inférieure à celle des États-Unis (1,9 billions de dollars), de l'Allemagne (914,7 milliards de dollars), du Royaume-Uni (641,8 milliards de dollars), de la Chine (641,1 milliards de dollars) et du Japon (566,4 milliards de dollars). Les importations par habitant en Israël étaient supérieures à celles des États-Unis (6 400,9 de dollars), du Japon (4 418,9 de dollars) et de la Chine (483,3 de dollars); mais inférieures à celles de l'Allemagne (11 237,8 de dollars) et du Royaume-Uni (10 620,4 de dollars). La croissance des importations en Israël était supérieure à celle du Japon (1,8%); mais inférieure à celle de la Chine (15,1%), de l'Allemagne (3,7%), du Royaume-Uni (3,1%) et des États-Unis (2,8%).

Les années 2010

Les importations d'Israël étaient de 93,6 milliards de dollars par an dans les années 2010, se situant au 42ème rang mondial. La part dans le monde était de 0,42% et de 1,2% en Asie.

La structure des importations: produits primaires (10,3%), articles manufacturés provenant de ressources naturelles (28,2%), articles manufacturés à faible technologie (13,1%), articles manufacturés de technologie moyenne (28,8%), articles manufacturés à haute technologie (17,5%).

D'Israël a importé des marchandises en provenance les États-Unis (19,8%), la Chine (11,3%), l'Allemagne (7,1%), l'Inde (5,0%), l'Italie (4,2%) et d'autres pays (52,6%).

La part des importations dans le PIB d'Israël était de 30,3% dans les années 2010, se classant au 167ème rang mondial, à égalité avec l'Azerbaïdjan (30,3%), l'Afrique du Sud (30,3%), l'Espagne (30,1%).

Les importations par habitant en Israël étaient de 11813.4 dollars dans les années 2010, se situant au 48ème rang mondial, à égalité avec la Corée du Sud (11 797,0 de dollars), l'Andorre (11 995,0 de dollars). Les importations par habitant en Israël étaient 3,9 fois supérieures les importations par habitant au Monde (3 015,6 US$), et 6,5 fois supérieures les importations par habitant en Asie (1 813,7 US$).

La croissance des importations en Israël était de 5.6% dans les années 2010, au 61ème rang mondial, à égalité avec le Mexique (5,5%), le Maroc (5,6%), l'Est (5,6%). La croissance des importations en Israël (5,6%) a été supérieure à celle du monde (4,4%), et supérieure à celle de l'Asie (5,4%).

Comparaison avec les voisins. Les importations d'Israël étaient 44,9% supérieures à celles de l'Égypte (64,6 milliards de dollars), 3,7 fois supérieures à celles du Liban (25,1 milliards de dollars), 4,2 fois supérieures à celles de la Jordanie (22,4 milliards de dollars), 9,4 fois supérieures à celles de la Syrie (10,0 milliards de dollars) et 12,7 fois supérieures à celles de la Palestine (7,4 milliards de dollars). Les importations par habitant en Israël étaient 2,9 fois supérieures à celles du Liban (4 079,5 de dollars), 4,7 fois supérieures à celles de la Jordanie (2 509,2 de dollars), 7,2 fois supérieures à celles de la Palestine (1 636,6 de dollars), 16,7 fois supérieures à celles de l'Égypte (706,4 de dollars) et 22,2 fois supérieures à celles de la Syrie (532,2 de dollars). La croissance des importations en Israël était supérieure à celle de la Palestine (3,0%), du Liban (2,1%), de l'Égypte (2,0%), de la Jordanie (0,55%) et de la Syrie (-2,7%).

Comparaison avec les leaders. Les importations d'Israël étaient 30,1 fois inférieures à celles des États-Unis (2,8 billions de dollars), 22,1

Chapitre XI. Importations

fois inférieures à celles de la Chine (2,1 billions de dollars), 15,5 fois inférieures à celles de l'Allemagne (1,5 billions de dollars), 9,4 fois inférieures à celles du Japon (877,9 milliards de dollars) et 9,1 fois inférieures à celles du Royaume-Uni (854,8 milliards de dollars). Les importations par habitant en Israël étaient 34,0% supérieures à celles des États-Unis (8 817,8 de dollars), 72,1% supérieures à celles du Japon (6 862,7 de dollars) et 8,0 fois supérieures à celles de la Chine (1 475,4 de dollars); mais 33,5% inférieures à celles de l'Allemagne (17 771,2 de dollars) et 9,3% inférieures à celles du Royaume-Uni (13 030,6 de dollars). La croissance des importations en Israël était supérieure à celle de l'Allemagne (4,8%), des États-Unis (4,4%), du Japon (3,8%) et du Royaume-Uni (3,6%); mais inférieure à celle de la Chine (8,2%).

Partie IV. Consommation

Chapitre XII. Dépenses publiques

Dépenses de consommation des administrations publiques

Les dépense de consommation publique d'Israël sont passés de 4,8 milliards de dollars par an dans les années 1970 à 70,2 milliards de dollars par an dans les années 2010, c'est-à-dire 65,4 milliards de dollars ou de 14,6 fois. La variation a été de 60,8 milliards de dollars en raison de l'augmentation de 7,5 fois des prix, et de -2,4 milliards de dollars en raison de la baisse du taux par habitant de 1,3 fois, et de 7,0 milliards de dollars en raison de la croissance démographique. La croissance annuelle moyenne des dépenses publiques était de 2,3%. La valeur minimale était de 2,2 milliards de dollars en 1971. La valeur maximale était de 90,4 milliards de dollars en 2019.

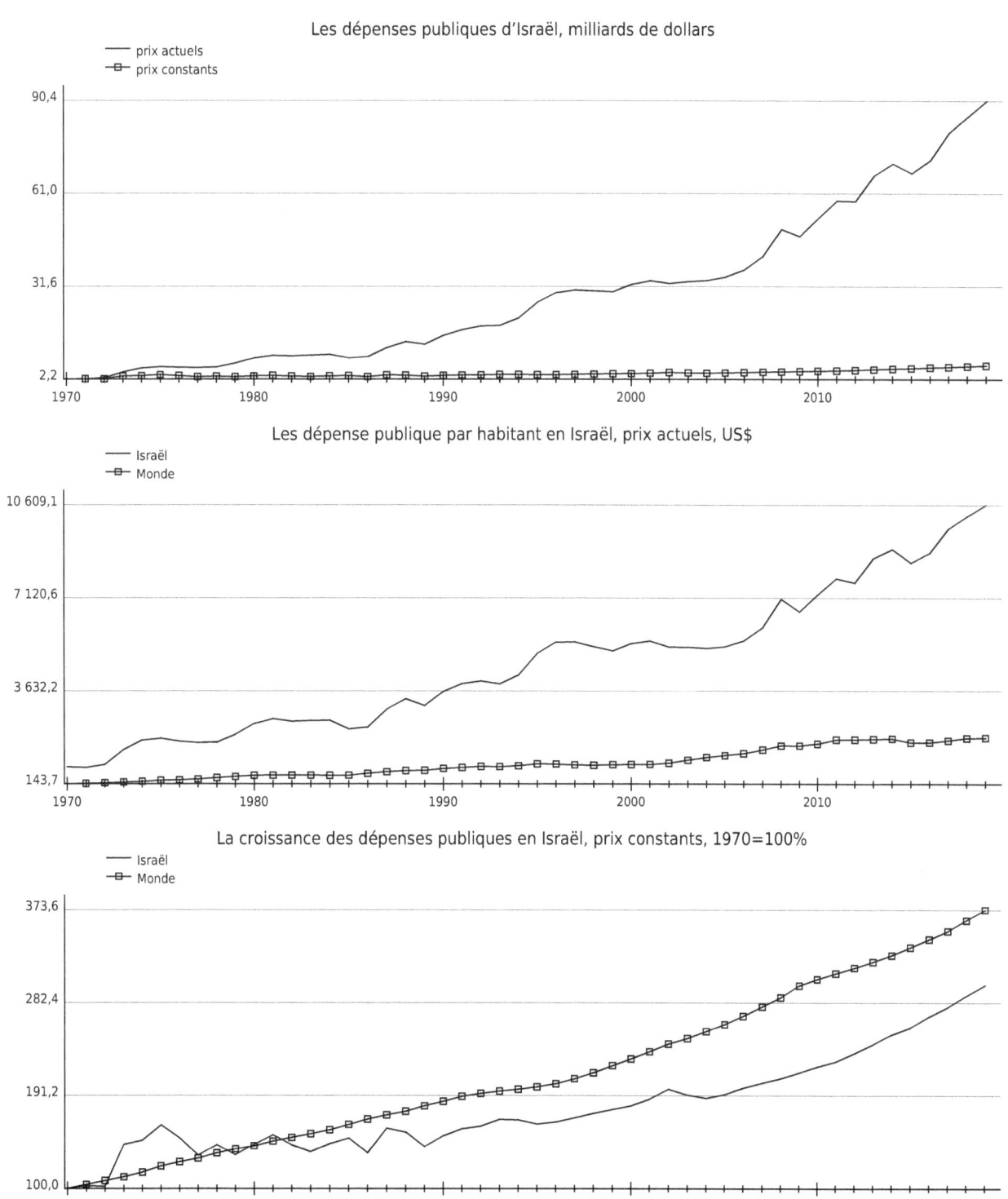

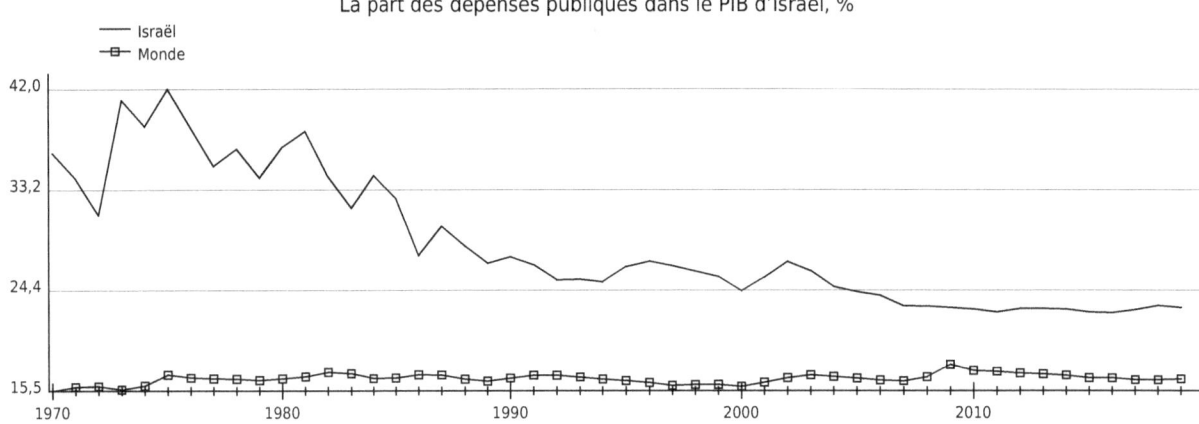

La part des dépenses publiques dans le PIB d'Israël, %

Les années 1970

Les dépenses publiques d'Israël étaient de 4,8 milliards de dollars par an dans les années 1970, se classant au 30ème rang mondial à égalité avec l'Argentine (4,7 milliards de dollars). La part dans le monde était de 0,45% et de 3,0% en Asie.

La part des dépenses publiques dans le PIB d'Israël était de 37,0% dans les années 1970, au 7ème rang mondial, à égalité avec les Seychelles (37,0%), la Tanzanie (36,7%).

Les dépenses publiques par habitant en Israël étaient de 1488.1 dollars dans les années 1970, au 9ème rang mondial, à égalité avec la Polynésie française (1 518,7 de dollars). Les dépense de consommation publique par habitant en Israël étaient 5,6 fois supérieures les dépense de consommation publique par habitant au Monde (265,2 US$), et 21,6 fois supérieures les dépenses publiques par habitant en Asie (68,9 US$).

La croissance des dépenses publiques en Israël était de 3.2% dans les années 1970, se situant au 144ème rang mondial. La croissance des dépenses publiques en Israël (3,2%) a été inférieure à celle du monde (3,7%), et inférieure à celle de l'Asie (6,9%).

Comparaison avec les voisins. Les dépenses publiques d'Israël étaient supérieures à celles de l'Égypte (3,1 milliards de dollars), de la Syrie (994,5 millions de dollars), du Liban (534,6 millions de dollars), de la Jordanie (438,1 millions de dollars) et de la Palestine (133,8 millions de dollars). Les dépense publique par habitant en Israël étaient supérieures à celles de la Jordanie (216,0 de dollars), du Liban (213,4 de dollars), de la Syrie (133,7 de dollars), de la Palestine (103,2 de dollars) et de l'Égypte (81,4 de dollars). La croissance des dépenses publiques en Israël était supérieure à celle de la Palestine (2,3%); mais inférieure à celle de la Syrie (13,6%), de la Jordanie (7,6%), du Liban (7,5%) et de l'Égypte (4,5%).

Comparaison avec les leaders. Les dépense de consommation publique d'Israël étaient inférieures à celles des États-Unis (285,9 milliards de dollars), de l'URSS (117,3 milliards de dollars), de l'Allemagne (95,6 milliards de dollars), du Japon (78,0 milliards de dollars) et de la France (64,5 milliards de dollars). Les dépenses publiques par habitant en Israël étaient supérieures à celles des États-Unis (1 310,2 de dollars), de l'Allemagne (1 213,7 de dollars), de la France (1 202,3 de dollars), du Japon (700,2 de dollars) et de l'URSS (465,0 de dollars). La croissance des dépenses publiques en Israël était supérieure à celle des États-Unis (0,94%); mais inférieure à celle de l'URSS (7,2%), du Japon (5,3%), de la France (5,0%) et de l'Allemagne (4,4%).

Les années 1980

Les dépense de consommation publique d'Israël étaient de 10,6 milliards de dollars par an dans les années 1980, se classant au 31ème rang mondial à égalité avec la Yougoslavie (10,4 milliards de dollars), la Grèce (10,3 milliards de dollars). La part dans le monde était de 0,42% et de 2,2% en Asie.

La part des dépenses publiques dans le PIB d'Israël était de 31,2% dans les années 1980, se situant au 20ème rang mondial, à égalité avec l'Angola (31,3%).

Les dépenses publiques par habitant en Israël étaient de 2640.2 dollars dans les années 1980, se situant au 23ème rang mondial, à égalité avec l'Europe du Nord (2 639,8 de dollars), les Bermudes (2 633,1 de dollars), la Nouvelle-Calédonie (2 663,7 de dollars). Les dépense publique par habitant en Israël étaient 5,0 fois supérieures les dépense de consommation publique par habitant au Monde (523,5 US$), et 15,5 fois supérieures les dépense de consommation publique par habitant en Asie (170,1 US$).

La croissance des dépenses publiques en Israël était de 0.6% dans les années 1980, se classant au 152ème rang mondial. La

Chapitre XII. Dépenses publiques

croissance des dépenses publiques en Israël (0,58%) a été inférieure à celle du monde (2,7%), et inférieure à celle de l'Asie (4,2%).

Comparaison avec les voisins. Les dépenses publiques d'Israël étaient supérieures à celles de l'Égypte (3,5 milliards de dollars), de la Syrie (2,9 milliards de dollars), de la Jordanie (1,2 milliards de dollars), du Liban (1,1 milliards de dollars) et de la Palestine (267,1 millions de dollars). Les dépense publique par habitant en Israël étaient supérieures à celles du Liban (429,7 de dollars), de la Jordanie (414,4 de dollars), de la Syrie (274,9 de dollars), de la Palestine (153,1 de dollars) et de l'Égypte (71,4 de dollars). La croissance des dépenses publiques en Israël était supérieure à celle de la Syrie (-0,96%) et du Liban (-1,2%); mais inférieure à celle de l'Égypte (4,9%), de la Jordanie (2,4%) et de la Palestine (1,9%).

Comparaison avec les leaders. Les dépenses publiques d'Israël étaient inférieures à celles des États-Unis (665,3 milliards de dollars), du Japon (257,4 milliards de dollars), de l'Allemagne (203,7 milliards de dollars), de l'URSS (181,1 milliards de dollars) et de la France (159,8 milliards de dollars). Les dépense publique par habitant en Israël étaient supérieures à celles de l'Allemagne (2 611,1 de dollars), du Japon (2 122,5 de dollars) et de l'URSS (658,0 de dollars); mais inférieures à celles de la France (2 826,9 de dollars) et des États-Unis (2 778,2 de dollars). La croissance des dépenses publiques en Israël était inférieure à celle de l'URSS (5,4%), du Japon (3,5%), de la France (2,8%), des États-Unis (2,6%) et de l'Allemagne (0,98%).

Les années 1990

Les dépense de consommation publique d'Israël étaient de 24,0 milliards de dollars par an dans les années 1990, se classant au 29ème rang mondial à égalité avec la Turquie (24,2 milliards de dollars), la Pologne (24,6 milliards de dollars). La part dans le monde était de 0,51% et de 2,2% en Asie.

La part des dépenses publiques dans le PIB d'Israël était de 26,1% dans les années 1990, au 28ème rang mondial, à égalité avec la Suède (25,9%).

Les dépense publique par habitant en Israël étaient de 4659.4 dollars dans les années 1990, se situant au 24ème rang mondial, à égalité avec le Canada (4 645,6 de dollars), les Bermudes (4 775,4 de dollars). Les dépense de consommation publique par habitant en Israël étaient 5,6 fois supérieures les dépense de consommation publique par habitant au Monde (824,8 US$), et 14,6 fois supérieures les dépense publique par habitant en Asie (318,7 US$).

La croissance des dépenses publiques en Israël était de 2.3% dans les années 1990, au 105ème rang mondial, à égalité avec l'Amérique centrale (2,3%). La croissance des dépenses publiques en Israël (2,3%) a été supérieure à celle du monde (2,0%), et inférieure à celle de l'Asie (5,0%).

Comparaison avec les voisins. Les dépenses publiques d'Israël étaient supérieures à celles de l'Égypte (6,4 milliards de dollars), de la Syrie (1,9 milliards de dollars), du Liban (1,8 milliards de dollars), de la Jordanie (1,3 milliards de dollars) et de la Palestine (655,6 millions de dollars). Les dépense publique par habitant en Israël étaient supérieures à celles du Liban (528,1 de dollars), de la Jordanie (297,4 de dollars), de la Palestine (253,9 de dollars), de la Syrie (131,5 de dollars) et de l'Égypte (103,0 de dollars). La croissance des dépenses publiques en Israël était supérieure à celle de la Syrie (1,5%) et du Liban (-0,045%); mais inférieure à celle de la Palestine (11,8%), de l'Égypte (5,0%) et de la Jordanie (3,3%).

Comparaison avec les leaders. Les dépense de consommation publique d'Israël étaient inférieures à celles des États-Unis (1,1 billions de dollars), du Japon (651,8 milliards de dollars), de l'Allemagne (419,6 milliards de dollars), de la France (325,4 milliards de dollars) et du Royaume-Uni (234,6 milliards de dollars). Les dépense de consommation publique par habitant en Israël étaient supérieures à celles des États-Unis (4 287,3 de dollars) et du Royaume-Uni (4 053,6 de dollars); mais inférieures à celles de la France (5 479,6 de dollars), de l'Allemagne (5 203,8 de dollars) et du Japon (5 169,1 de dollars). La croissance des dépenses publiques en Israël était supérieure à celle du Royaume-Uni (2,1%), de la France (1,8%) et des États-Unis (1,3%); mais inférieure à celle du Japon (3,0%) et de l'Allemagne (2,4%).

Les années 2000

Les dépense publique d'Israël étaient de 37,4 milliards de dollars par an dans les années 2000, se classant au 30ème rang mondial à égalité avec le Portugal (37,8 milliards de dollars). La part dans le monde était de 0,48% et de 2,0% en Asie.

La part des dépenses publiques dans le PIB d'Israël était de 24,2% dans les années 2000, au 22ème rang mondial, à égalité avec Djibouti (24,4%).

Les dépense publique par habitant en Israël étaient de 5748 dollars dans les années 2000, au 31ème rang mondial, à égalité avec l'Italie (5 836,2 de dollars), l'Australasie (5 865,8 de dollars), le Koweït (5 628,3 de dollars). Les dépense de consommation publique par habitant en Israël étaient 4,8 fois supérieures les dépenses publiques par habitant au Monde (1 200,9 US$), et 12,0 fois supérieures les dépenses publiques par habitant en Asie (477,4 US$).

La croissance des dépenses publiques en Israël était de 1.9% dans les années 2000, se situant au 160ème rang mondial. La croissance des dépenses publiques en Israël (1,9%) a été inférieure à celle du monde (3,1%), et inférieure à celle de l'Asie (5,3%).

Comparaison avec les voisins. Les dépense publique d'Israël étaient supérieures à celles de l'Égypte (12,6 milliards de dollars), de la Syrie (3,9 milliards de dollars), du Liban (3,4 milliards de dollars), de la Jordanie (2,7 milliards de dollars) et de la Palestine (1,4 milliards de dollars). Les dépense publique par habitant en Israël étaient supérieures à celles du Liban (752,9 de dollars), de la Jordanie (463,9 de dollars), de la Palestine (391,1 de dollars), de la Syrie (213,0 de dollars) et de l'Égypte (167,6 de dollars). La croissance des dépenses publiques en Israël était inférieure à celle de la Syrie (9,5%), de la Jordanie (9,4%), de la Palestine (5,5%), du Liban (4,0%) et de l'Égypte (3,9%).

Comparaison avec les leaders. Les dépense de consommation publique d'Israël étaient inférieures à celles des États-Unis (1,9 billions de dollars), du Japon (844,2 milliards de dollars), de l'Allemagne (520,1 milliards de dollars), de la France (479,9 milliards de dollars) et du Royaume-Uni (453,4 milliards de dollars). Les dépense de consommation publique par habitant en Israël étaient inférieures à celles de la France (7 640,9 de dollars), du Royaume-Uni (7 501,5 de dollars), du Japon (6 586,4 de dollars), des États-Unis (6 545,9 de dollars) et de l'Allemagne (6 389,7 de dollars). La croissance des dépenses publiques en Israël était supérieure à celle du Japon (1,7%), de la France (1,7%) et de l'Allemagne (1,4%); mais inférieure à celle du Royaume-Uni (2,9%) et des États-Unis (2,2%).

Les années 2010

Les dépense de consommation publique d'Israël étaient de 70,2 milliards de dollars par an dans les années 2010, se classant au 29ème rang mondial à égalité avec la Thaïlande (70,1 milliards de dollars). La part dans le monde était de 0,54% et de 1,6% en Asie.

La part des dépenses publiques dans le PIB d'Israël était de 22,7% dans les années 2010, se classant au 33ème rang mondial, à égalité avec le Mozambique (22,9%).

Les dépense de consommation publique par habitant en Israël étaient de 8857.1 dollars dans les années 2010, se situant au 21ème rang mondial, à égalité avec l'Allemagne (8 815,0 de dollars), l'Irlande (8 954,3 de dollars). Les dépense publique par habitant en Israël étaient 5,0 fois supérieures les dépense de consommation publique par habitant au Monde (1 785,1 US$), et 9,1 fois supérieures les dépense de consommation publique par habitant en Asie (970,7 US$).

La croissance des dépenses publiques en Israël était de 3.4% dans les années 2010, se classant au 83ème rang mondial, à égalité avec Hong Kong (3,4%), Saint-Christophe-et-Niévès (3,4%), l'Australasie (3,4%). La croissance des dépenses publiques en Israël (3,4%) a été supérieure à celle du monde (2,3%), et inférieure à celle de l'Asie (5,2%).

Comparaison avec les voisins. Les dépense de consommation publique d'Israël étaient 2,5 fois supérieures à celles de l'Égypte (28,1 milliards de dollars), 10,7 fois supérieures à celles de la Jordanie (6,6 milliards de dollars), 10,9 fois supérieures à celles du Liban (6,4 milliards de dollars), 19,0 fois supérieures à celles de la Syrie (3,7 milliards de dollars) et 21,3 fois supérieures à celles de la Palestine (3,3 milliards de dollars). Les dépenses publiques par habitant en Israël étaient 8,5 fois supérieures à celles du Liban (1 044,0 de dollars), 12,0 fois supérieures à celles de la Jordanie (737,8 de dollars), 12,1 fois supérieures à celles de la Palestine (732,0 de dollars), 28,8 fois supérieures à celles de l'Égypte (307,0 de dollars) et 44,9 fois supérieures à celles de la Syrie (197,2 de dollars). La croissance des dépenses publiques en Israël était supérieure à celle de l'Égypte (1,9%), de la Syrie (1,6%), de la Palestine (1,4%) et de la Jordanie (-1,4%); mais inférieure à celle du Liban (5,9%).

Comparaison avec les leaders. Les dépenses publiques d'Israël étaient 37,8 fois inférieures à celles des États-Unis (2,7 billions de dollars), 23,9 fois inférieures à celles de la Chine (1,7 billions de dollars), 14,9 fois inférieures à celles du Japon (1,0 billions de dollars), 10,3 fois inférieures à celles de l'Allemagne (721,6 milliards de dollars) et 9,1 fois inférieures à celles de la France (637,9 milliards de dollars). Les dépense publique par habitant en Israël étaient 0,48% supérieures à celles de l'Allemagne (8 815,0 de dollars), 6,6% supérieures à celles des États-Unis (8 304,9 de dollars), 8,6% supérieures à celles du Japon (8 152,8 de dollars) et 7,4 fois supérieures à celles de la Chine (1 197,3 de dollars); mais 7,9% inférieures à celles de la France (9 617,6 de dollars). La croissance des dépenses publiques en Israël était supérieure à celle de l'Allemagne (1,9%), du Japon (1,3%), de la France (1,3%) et des États-Unis (0,0052%); mais inférieure à celle de la Chine (8,3%).

Chapitre XIII. Dépenses ménagères

Dépenses de consommation des ménages

Les dépenses ménagères d'Israël sont passés de 6,6 milliards de dollars par an dans les années 1970 à 170,6 milliards de dollars par an dans les années 2010, c'est-à-dire 164,0 milliards de dollars ou de 25,8 fois. La variation a été de 123,7 milliards de dollars en raison de l'augmentation de 3,6 fois des prix, et de 30,7 milliards de dollars en raison de la croissance du taux par habitant de 2,9 fois, et de 9,6 milliards de dollars en raison de la croissance démographique. La croissance annuelle moyenne des dépenses ménagères était de 5,1%. La valeur minimale était de 3,2 milliards de dollars en 1971. La valeur maximale était de 214,0 milliards de dollars en 2019.

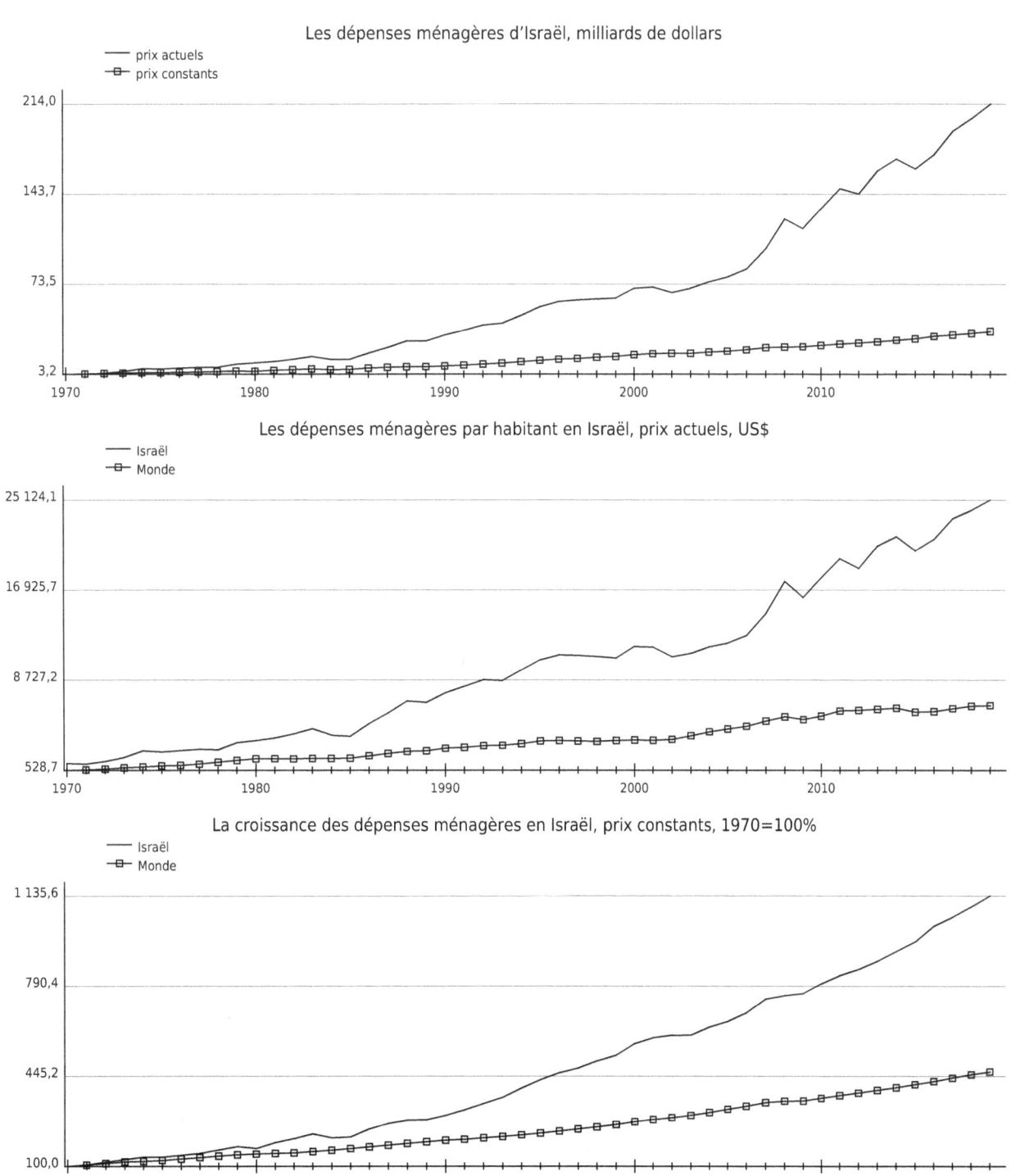

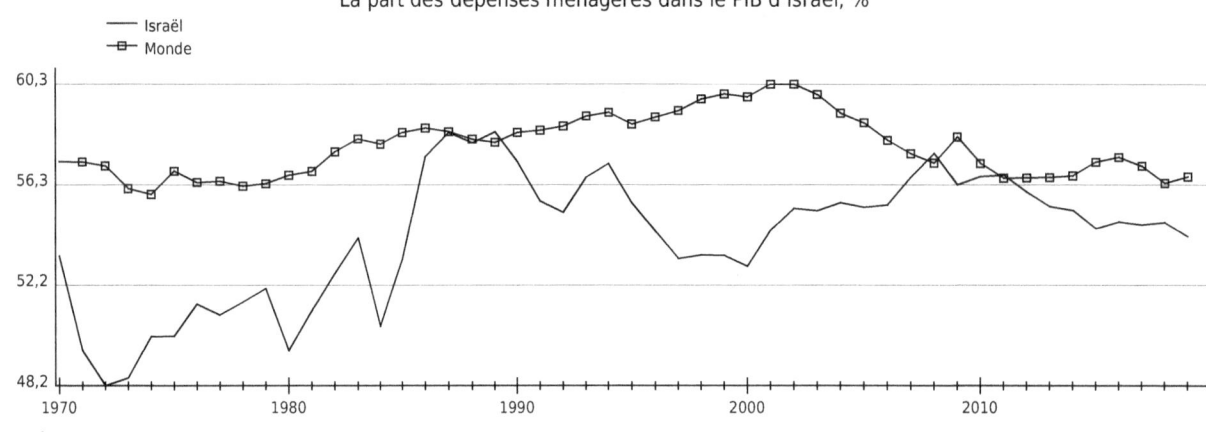

Les années 1970

Les dépenses ménagères d'Israël étaient de 6,6 milliards de dollars par an dans les années 1970, se classant au 50ème rang mondial à égalité avec Cuba (6,6 milliards de dollars), Porto Rico (6,6 milliards de dollars). La part dans le monde était de 0,18% et de 1,0% en Asie.

La part des dépenses ménagères dans le PIB d'Israël était de 50,8% dans les années 1970, se situant au 151ème rang mondial, à égalité avec la Chine (50,7%), la Roumanie (50,7%), l'Est (50,6%).

Les dépenses ménagères par habitant en Israël étaient de 2040 dollars dans les années 1970, se situant au 36ème rang mondial, à égalité avec l'Europe (2 041,4 de dollars), l'Irlande (2 010,6 de dollars). Les dépenses ménagères par habitant en Israël étaient 2,2 fois supérieures les dépenses ménagères par habitant au Monde (914,8 US$), et 7,2 fois supérieures les dépenses ménagères par habitant en Asie (282,4 US$).

La croissance des dépenses ménagères en Israël était de 6.4% dans les années 1970, se situant au 51ème rang mondial, à égalité avec le Paraguay (6,4%), la Mauritanie (6,4%), l'Équateur (6,4%). La croissance des dépenses ménagères en Israël (6,4%) a été supérieure à celle du monde (4,1%), et supérieure à celle de l'Asie (5,2%).

Comparaison avec les voisins. Les dépenses ménagères d'Israël étaient supérieures à celles de la Syrie (3,3 milliards de dollars), du Liban (2,9 milliards de dollars), de la Jordanie (1,1 milliards de dollars) et de la Palestine (528,2 millions de dollars); mais inférieures à celles de l'Égypte (8,3 milliards de dollars). Les dépenses ménagères par habitant en Israël étaient supérieures à celles du Liban (1 177,3 de dollars), de la Jordanie (544,7 de dollars), de la Syrie (450,0 de dollars), de la Palestine (407,5 de dollars) et de l'Égypte (217,1 de dollars). La croissance des dépenses ménagères en Israël était supérieure à celle de l'Égypte (4,6%) et du Liban (-3,5%); mais inférieure à celle de la Syrie (9,6%), de la Palestine (7,8%) et de la Jordanie (7,6%).

Comparaison avec les leaders. Les dépenses ménagères d'Israël étaient inférieures à celles des États-Unis (1,0 billions de dollars), de l'URSS (310,6 milliards de dollars), du Japon (280,9 milliards de dollars), de l'Allemagne (277,8 milliards de dollars) et de la France (180,7 milliards de dollars). Les dépenses ménagères par habitant en Israël étaient supérieures à celles de l'URSS (1 231,6 de dollars); mais inférieures à celles des États-Unis (4 744,5 de dollars), de l'Allemagne (3 527,2 de dollars), de la France (3 371,0 de dollars) et du Japon (2 523,0 de dollars). La croissance des dépenses ménagères en Israël était supérieure à celle du Japon (5,1%), de l'URSS (4,7%), de la France (4,0%), des États-Unis (3,6%) et de l'Allemagne (3,6%).

Les années 1980

Les dépenses ménagères d'Israël étaient de 18,7 milliards de dollars par an dans les années 1980, se situant au 44ème rang mondial. La part dans le monde était de 0,21% et de 0,99% en Asie.

La part des dépenses ménagères dans le PIB d'Israël était de 55,1% dans les années 1980, se situant au 135ème rang mondial, à égalité avec Cuba (55,1%), la Polynésie (55,0%), l'Afrique australe (55,4%).

Les dépenses ménagères par habitant en Israël étaient de 4664 dollars dans les années 1980, au 34ème rang mondial, à égalité avec le Qatar (4 635,4 de dollars), l'Irlande (4 693,0 de dollars), Porto Rico (4 625,6 de dollars). Les dépenses ménagères par habitant en Israël étaient 2,6 fois supérieures les dépenses ménagères par habitant au Monde (1 808,0 US$), et 7,0 fois supérieures les dépenses ménagères par habitant en Asie (666,0 US$).

Chapitre XIII. Dépenses ménagères

La croissance des dépenses ménagères en Israël était de 4.8% dans les années 1980, se situant au 35ème rang mondial, à égalité avec les Îles Vierges britanniques (4,7%). La croissance des dépenses ménagères en Israël (4,8%) a été supérieure à celle du monde (3,0%), et supérieure à celle de l'Asie (4,7%).

Comparaison avec les voisins. Les dépenses ménagères d'Israël étaient supérieures à celles de l'Égypte (15,5 milliards de dollars), de la Syrie (9,5 milliards de dollars), de la Jordanie (3,9 milliards de dollars), du Liban (3,4 milliards de dollars) et de la Palestine (1,3 milliards de dollars). Les dépenses ménagères par habitant en Israël étaient supérieures à celles de la Jordanie (1 369,4 de dollars), du Liban (1 284,4 de dollars), de la Syrie (907,2 de dollars), de la Palestine (743,9 de dollars) et de l'Égypte (316,9 de dollars). La croissance des dépenses ménagères en Israël était supérieure à celle de la Syrie (3,0%), de la Jordanie (2,9%), de la Palestine (2,9%) et du Liban (-1,8%); mais inférieure à celle de l'Égypte (7,8%).

Comparaison avec les leaders. Les dépenses ménagères d'Israël étaient inférieures à celles des États-Unis (2,6 billions de dollars), du Japon (945,6 milliards de dollars), de l'Allemagne (575,7 milliards de dollars), de l'URSS (424,6 milliards de dollars) et du Royaume-Uni (416,5 milliards de dollars). Les dépenses ménagères par habitant en Israël étaient supérieures à celles de l'URSS (1 542,8 de dollars); mais inférieures à celles des États-Unis (10 904,4 de dollars), du Japon (7 796,6 de dollars), de l'Allemagne (7 378,3 de dollars) et du Royaume-Uni (7 376,3 de dollars). La croissance des dépenses ménagères en Israël était supérieure à celle du Japon (3,7%), du Royaume-Uni (3,5%), des États-Unis (3,2%), de l'URSS (3,0%) et de l'Allemagne (1,8%).

Les années 1990

Les dépenses ménagères d'Israël étaient de 50,6 milliards de dollars par an dans les années 1990, se situant au 38ème rang mondial à égalité avec les Philippines (50,7 milliards de dollars). La part dans le monde était de 0,30% et de 1,2% en Asie.

La part des dépenses ménagères dans le PIB d'Israël était de 54,9% dans les années 1990, au 154ème rang mondial, à égalité avec la Polynésie (54,9%), l'Asie du Sud-Est (54,9%), l'Europe de l'Ouest (55,0%).

Les dépenses ménagères par habitant en Israël étaient de 9798.3 dollars dans les années 1990, au 30ème rang mondial, à égalité avec les Îles Vierges britanniques (9 623,3 de dollars), le Groenland (9 608,7 de dollars), l'Irlande (9 990,6 de dollars). Les dépenses ménagères par habitant en Israël étaient 3,3 fois supérieures les dépenses ménagères par habitant au Monde (2 963,9 US$), et 8,1 fois supérieures les dépenses ménagères par habitant en Asie (1 208,2 US$).

La croissance des dépenses ménagères en Israël était de 6.6% dans les années 1990, au 18ème rang mondial, à égalité avec le Cap-Vert (6,5%), le Botswana (6,6%). La croissance des dépenses ménagères en Israël (6,6%) a été supérieure à celle du monde (3,0%), et supérieure à celle de l'Asie (4,4%).

Comparaison avec les voisins. Les dépenses ménagères d'Israël étaient supérieures à celles de l'Égypte (47,6 milliards de dollars), de la Syrie (10,3 milliards de dollars), du Liban (9,2 milliards de dollars), de la Jordanie (4,4 milliards de dollars) et de la Palestine (3,0 milliards de dollars). Les dépenses ménagères par habitant en Israël étaient supérieures à celles du Liban (2 740,2 de dollars), de la Palestine (1 175,9 de dollars), de la Jordanie (988,2 de dollars), de l'Égypte (770,9 de dollars) et de la Syrie (725,7 de dollars). La croissance des dépenses ménagères en Israël était supérieure à celle de l'Égypte (4,0%), de la Syrie (2,7%) et de la Jordanie (2,6%); mais inférieure à celle de la Palestine (9,8%) et du Liban (7,4%).

Comparaison avec les leaders. Les dépenses ménagères d'Israël étaient inférieures à celles des États-Unis (4,9 billions de dollars), du Japon (2,3 billions de dollars), de l'Allemagne (1,2 billions de dollars), du Royaume-Uni (884,5 milliards de dollars) et de la France (783,0 milliards de dollars). Les dépenses ménagères par habitant en Israël étaient inférieures à celles des États-Unis (18 538,8 de dollars), du Japon (18 170,3 de dollars), du Royaume-Uni (15 280,6 de dollars), de l'Allemagne (15 158,9 de dollars) et de la France (13 185,2 de dollars). La croissance des dépenses ménagères en Israël était supérieure à celle des États-Unis (3,4%), du Royaume-Uni (2,8%), de l'Allemagne (2,1%), du Japon (1,8%) et de la France (1,8%).

Les années 2000

Les dépenses ménagères d'Israël étaient de 86,0 milliards de dollars par an dans les années 2000, se situant au 41ème rang mondial à égalité avec l'Irlande (87,1 milliards de dollars). La part dans le monde était de 0,31% et de 1,3% en Asie.

La part des dépenses ménagères dans le PIB d'Israël était de 55,6% dans les années 2000, au 149ème rang mondial, à égalité avec l'Islande (55,7%), l'Allemagne (55,7%), la Slovaquie (55,9%).

Les dépenses ménagères par habitant en Israël étaient de 13208.3 dollars dans les années 2000, se classant au 39ème rang mondial, à égalité avec la Polynésie française (12 893,0 de dollars). Les dépenses ménagères par habitant en Israël étaient 3,1 fois supérieures les dépenses ménagères par habitant au Monde (4 208,2 US$), et 8,0 fois supérieures les dépenses ménagères par habitant en Asie (1 649,6 US$).

La croissance des dépenses ménagères en Israël était de 3.8% dans les années 2000, au 109ème rang mondial, à égalité avec le Costa Rica (3,8%), le Burkina Faso (3,8%). La croissance des dépenses ménagères en Israël (3,8%) a été supérieure à celle du monde (3,0%), et inférieure à celle de l'Asie (4,4%).

Comparaison avec les voisins. Les dépenses ménagères d'Israël étaient supérieures à celles de l'Égypte (82,1 milliards de dollars), de la Syrie (19,3 milliards de dollars), du Liban (19,2 milliards de dollars), de la Jordanie (11,0 milliards de dollars) et de la Palestine (5,2 milliards de dollars). Les dépenses ménagères par habitant en Israël étaient supérieures à celles du Liban (4 290,2 de dollars), de la Jordanie (1 892,1 de dollars), de la Palestine (1 446,7 de dollars), de l'Égypte (1 096,4 de dollars) et de la Syrie (1 044,6 de dollars). La croissance des dépenses ménagères en Israël était supérieure à celle de la Palestine (3,1%); mais inférieure à celle de la Jordanie (6,9%), de l'Égypte (5,0%), du Liban (4,7%) et de la Syrie (4,3%).

Comparaison avec les leaders. Les dépenses ménagères d'Israël étaient inférieures à celles des États-Unis (8,5 billions de dollars), du Japon (2,6 billions de dollars), de l'Allemagne (1,5 billions de dollars), du Royaume-Uni (1,5 billions de dollars) et de la France (1,1 billions de dollars). Les dépenses ménagères par habitant en Israël étaient inférieures à celles des États-Unis (28 799,1 de dollars), du Royaume-Uni (24 959,3 de dollars), du Japon (20 355,9 de dollars), de l'Allemagne (18 912,2 de dollars) et de la France (18 146,8 de dollars). La croissance des dépenses ménagères en Israël était supérieure à celle des États-Unis (2,4%), du Royaume-Uni (2,1%), de la France (2,0%), du Japon (0,81%) et de l'Allemagne (0,46%).

Les années 2010

Les dépenses ménagères d'Israël étaient de 170,6 milliards de dollars par an dans les années 2010, se situant au 37ème rang mondial à égalité avec la Malaisie (169,5 milliards de dollars). La part dans le monde était de 0,39% et de 1,3% en Asie.

La part des dépenses ménagères dans le PIB d'Israël était de 55,1% dans les années 2010, se classant au 149ème rang mondial, à égalité avec la Mongolie (55,0%), Trinité-et-Tobago (55,4%), l'Europe (55,4%).

Les dépenses ménagères par habitant en Israël étaient de 21515.2 dollars dans les années 2010, se situant au 27ème rang mondial, à égalité avec la France (22 028,8 de dollars). Les dépenses ménagères par habitant en Israël étaient 3,6 fois supérieures les dépenses ménagères par habitant au Monde (6 018,5 US$), et 7,2 fois supérieures les dépenses ménagères par habitant en Asie (2 977,2 US$).

La croissance des dépenses ménagères en Israël était de 4.1% dans les années 2010, se classant au 71ème rang mondial, à égalité avec Sao Tomé-et-Principe (4,0%). La croissance des dépenses ménagères en Israël (4,1%) a été supérieure à celle du monde (2,8%), et inférieure à celle de l'Asie (4,9%).

Comparaison avec les voisins. Les dépenses ménagères d'Israël étaient 3,9 fois supérieures à celles du Liban (43,4 milliards de dollars), 6,0 fois supérieures à celles de la Jordanie (28,6 milliards de dollars), 9,3 fois supérieures à celles de la Syrie (18,3 milliards de dollars) et 13,7 fois supérieures à celles de la Palestine (12,5 milliards de dollars); mais 21,0% inférieures à celles de l'Égypte (215,8 milliards de dollars). Les dépenses ménagères par habitant en Israël étaient 3,1 fois supérieures à celles du Liban (7 038,4 de dollars), 6,7 fois supérieures à celles de la Jordanie (3 212,0 de dollars), 7,8 fois supérieures à celles de la Palestine (2 769,0 de dollars), 9,1 fois supérieures à celles de l'Égypte (2 358,9 de dollars) et 22,1 fois supérieures à celles de la Syrie (974,9 de dollars). La croissance des dépenses ménagères en Israël était supérieure à celle de la Palestine (3,8%), de la Jordanie (2,0%), du Liban (1,6%) et de la Syrie (-4,4%); mais inférieure à celle de l'Égypte (4,4%).

Comparaison avec les leaders. Les dépenses ménagères d'Israël étaient 71,5 fois inférieures à celles des États-Unis (12,2 billions de dollars), 23,0 fois inférieures à celles de la Chine (3,9 billions de dollars), 17,5 fois inférieures à celles du Japon (3,0 billions de dollars), 11,5 fois inférieures à celles de l'Allemagne (2,0 billions de dollars) et 10,4 fois inférieures à celles du Royaume-Uni (1,8 billions de dollars). Les dépenses ménagères par habitant en Israël étaient 7,7 fois supérieures à celles de la Chine (2 801,9 de dollars); mais 43,6% inférieures à celles des États-Unis (38 161,2 de dollars), 20,8% inférieures à celles du Royaume-Uni (27 164,8 de dollars), 10,1% inférieures à celles de l'Allemagne (23 925,0 de dollars) et 7,9% inférieures à celles du Japon (23 352,2 de dollars). La croissance des dépenses ménagères en Israël était supérieure à celle des États-Unis (2,4%), du Royaume-Uni (1,8%), de l'Allemagne (1,4%) et du Japon (0,64%); mais inférieure à celle de la Chine (8,3%).

Chapitre XIV. Consommation de nourriture

Au cours de la période de recherche, la consommation alimentaire des produits suivants a augmenté: noix (de 3,5 fois), épices (de 2,3 fois), légumineuses (de 73,6%), viande (de 73,6%), stimulants (de 64,6%), huiles végétales (de 44,8%), poisson (de 39,7%), légumes (de 4,1%), mais diminué pour les produits suivants: lait (de 2,6%), céréales (de 2,9%), racines riches (de 3,8%), alcool (de 8,1%), sucre (de 39,1%), fruits (de 55,2%), œufs (de 2,0 fois).

Voici les coefficients de corrélation entre le RNB par habitant à prix constants et la consommation alimentaire: épices (0.978), huiles végétales (0.955), viande (0.929), noix (0.913), légumineuses (0.9), stimulants (0.806), poisson (0.773), racines riches (0.235), légumes (0.191), alcool (-0.031), lait (-0.344), sucre (-0.715), céréales (-0.723), œufs (-0.893), fruits (-0.934).

Les années 1970

La consommation de kcal en Israël était de 3 208,7 kcal/jour par habitant dans les années 1970, se classant au 14ème rang mondial à égalité avec l'Europe de l'Ouest (3 209,6 kcal/jour par habitant), l'Autriche (3 222,2 kcal/jour par habitant), l'Argentine (3 182,1 kcal/jour par habitant). La consommation de kcal en Israël était supérieur à celui dans le monde (2 403,2 kcal/jour par habitant), et était supérieur à celui en Asie (2 080,9 kcal/jour par habitant). La consommation de kcal avait la structure suivante: céréales (36.2%), huiles végétales (14.3%), sucre (11.6%), viande (7.9%), lait (7.4%), et d'autres (22.6%).

La consommation de protéines en Israël était de 105,2 g/jour par habitant dans les années 1970, se situant au 6ème rang mondial à égalité avec la France (105,4 g/jour par habitant). La consommation de protéines en Israël était supérieur à celui dans le monde (65,0 g/jour par habitant), et était supérieur à celui en Asie (52,3 g/jour par habitant). La consommation de protéines avait la structure suivante: céréales (34.6%), viande (21.5%), lait (15.6%), œufs (6.4%), poisson (4.1%), et d'autres (17.8%).

La consommation de graisse en Israël était de 106,9 g/jour par habitant dans les années 1970, au 26ème rang mondial à égalité avec l'Uruguay (107,1 g/jour par habitant), l'Europe du Sud (106,6 g/jour par habitant). La consommation de graisse en Israël était supérieur à celui dans le monde (55,1 g/jour par habitant), et était supérieur à celui en Asie (31,8 g/jour par habitant). La consommation de graisse avait la structure suivante: huiles végétales (48.3%), viande (16.1%), lait (11.9%), œufs (5.5%), céréales (4.3%), et d'autres (13.9%).

Voici les niveaux de consommation alimentaire dans le classement mondial: 1er - œufs (21,6 kg/habitant/an), 4ème - légumes (162,8 kg/habitant/an), 7ème - fruits (184,3 kg/habitant/an), 18ème - lait (193,1 kg/habitant/an), 28ème - stimulants (4,7 kg/habitant/an), 32ème - viande (56,2 kg/habitant/an), 36ème - noix (1,6 kg/habitant/an), 39ème - céréales (152,9 kg/habitant/an), 45ème - sucre (38,6 kg/habitant/an), 47ème - poisson (16,1 kg/habitant/an), 74ème - alcool (23,0 kg/habitant/an), 81ème - épices (0,27 kg/habitant/an).

Les années 1980

La consommation de kcal en Israël était de 3 290,4 kcal/jour par habitant dans les années 1980, se situant au 17ème rang mondial à égalité avec l'Amérique septentrionale (3 286,1 kcal/jour par habitant), les États-Unis (3 316,5 kcal/jour par habitant). La consommation de kcal en Israël était supérieur à celui dans le monde (2 572,3 kcal/jour par habitant), et était supérieur à celui en Asie (2 333,4 kcal/jour par habitant). La consommation de kcal avait la structure suivante: céréales (36.9%), huiles végétales (14.9%), sucre (11.4%), viande (7.8%), lait (7.2%), et d'autres (21.8%).

La consommation de protéines en Israël était de 107,8 g/jour par habitant dans les années 1980, se situant au 6ème rang mondial à égalité avec la Bulgarie (107,5 g/jour par habitant), la Grèce (108,4 g/jour par habitant). La consommation de protéines en Israël était supérieur à celui dans le monde (69,1 g/jour par habitant), et était supérieur à celui en Asie (58,8 g/jour par habitant). La consommation de protéines avait la structure suivante: céréales (34.4%), viande (21.7%), lait (16.2%), œufs (5.9%), poisson (4.1%), et d'autres (17.7%).

La consommation de graisse en Israël était de 114,0 g/jour par habitant dans les années 1980, se situant au 26ème rang mondial à égalité avec la Pologne (113,0 g/jour par habitant). La consommation de graisse en Israël était supérieur à celui dans le monde (63,2 g/jour par habitant), et était supérieur à celui en Asie (42,6 g/jour par habitant). La consommation de graisse avait la structure suivante: huiles végétales (48.6%), viande (15.3%), lait (11.1%), œufs (4.9%), céréales (4%), et d'autres (16.1%).

Voici les niveaux de consommation alimentaire dans le classement mondial: 1er - œufs (20,4 kg/habitant/an), 5ème - huiles végétales (20,1 kg/habitant/an), 11ème - légumes (162,3 kg/habitant/an), 12ème - fruits (166,1 kg/habitant/an), 21ème - lait (196,8 kg/habitant/an), 22ème - stimulants (5,8 kg/habitant/an), 25ème - noix (2,5 kg/habitant/an), 33ème - céréales (158,8 kg/habitant/an), 43ème - viande (57,7 kg/habitant/an), 44ème - sucre (38,8 kg/habitant/an), 49ème - poisson (18,2 kg/habitant/an), 69ème - légumineuses (5,2 kg/habitant/an), 80ème - épices (0,33 kg/habitant/an), 86ème - racines riches (38,2 kg/habitant/an), 89ème - alcool (19,2 kg/habitant/an).

Les années 1990

La consommation de kcal en Israël était de 3 447,3 kcal/jour par habitant dans les années 1990, au 9ème rang mondial à égalité avec le Portugal (3 460,6 kcal/jour par habitant). La consommation de kcal en Israël était supérieur à celui dans le monde (2 652,6 kcal/jour par habitant), et était supérieur à celui en Asie (2 494,1 kcal/jour par habitant). La consommation de kcal avait la structure suivante: céréales (33.7%), huiles végétales (15.1%), sucre (13.1%), viande (8.1%), lait (7.5%), et d'autres (22.5%).

La consommation de protéines en Israël était de 114,4 g/jour par habitant dans les années 1990, au 3ème rang mondial. La consommation de protéines en Israël était supérieur à celui dans le monde (72,1 g/jour par habitant), et était supérieur à celui en Asie (65,3 g/jour par habitant). La consommation de protéines avait la structure suivante: céréales (30.9%), viande (23.6%), lait (17.2%), légumes (4.8%), poisson (4.3%), et d'autres (19.2%).

La consommation de graisse en Israël était de 120,3 g/jour par habitant dans les années 1990, se classant au 22ème rang mondial à égalité avec l'Islande (120,3 g/jour par habitant), l'Europe (119,3 g/jour par habitant). La consommation de graisse en Israël était supérieur à celui dans le monde (69,0 g/jour par habitant), et était supérieur à celui en Asie (54,3 g/jour par habitant). La consommation de graisse avait la structure suivante: huiles végétales (48.8%), viande (15.1%), lait (10.6%), céréales (3.7%), œufs (3.3%), et d'autres (18.5%).

Voici les niveaux de consommation alimentaire dans le classement mondial: 5ème - légumes (219,3 kg/habitant/an), 6ème - huiles végétales (21,4 kg/habitant/an), 9ème - œufs (14,6 kg/habitant/an), 15ème - fruits (145,4 kg/habitant/an), 17ème - stimulants (7,7 kg/habitant/an), 18ème - sucre (46,8 kg/habitant/an), 21ème - lait (215,0 kg/habitant/an), 39ème - légumineuses (7,7 kg/habitant/an), 42ème - viande (65,6 kg/habitant/an), 43ème - poisson (22,8 kg/habitant/an), 53ème - céréales (150,2 kg/habitant/an), 83ème - épices (0,39 kg/habitant/an), 100ème - racines riches (38,6 kg/habitant/an), 105ème - alcool (15,9 kg/habitant/an).

Les années 2000

La consommation de kcal en Israël était de 3 587,0 kcal/jour par habitant dans les années 2000, se situant au 6ème rang mondial à égalité avec l'Irlande (3 587,0 kcal/jour par habitant), la Grèce (3 583,8 kcal/jour par habitant), la France (3 564,1 kcal/jour par habitant). La consommation de kcal en Israël était supérieur à celui dans le monde (2 765,9 kcal/jour par habitant), et était supérieur à celui en Asie (2 619,0 kcal/jour par habitant). La consommation de kcal avait la structure suivante: céréales (32.1%), huiles végétales (17.9%), viande (11.1%), sucre (8.9%), lait (7.1%), et d'autres (22.9%).

La consommation de protéines en Israël était de 126,3 g/jour par habitant dans les années 2000, au 2ème rang mondial. La consommation de protéines en Israël était supérieur à celui dans le monde (76,5 g/jour par habitant), et était supérieur à celui en Asie (70,9 g/jour par habitant). La consommation de protéines avait la structure suivante: viande (31.7%), céréales (27.5%), lait (15.1%), légumes (4.3%), poisson (3.9%), et d'autres (17.5%).

La consommation de graisse en Israël était de 143,3 g/jour par habitant dans les années 2000, se classant au 12ème rang mondial à égalité avec l'Islande (142,0 g/jour par habitant). La consommation de graisse en Israël était supérieur à celui dans le monde (76,9 g/jour par habitant), et était supérieur à celui en Asie (64,4 g/jour par habitant). La consommation de graisse avait la structure suivante: huiles végétales (50.5%), viande (17.6%), lait (9.2%), céréales (3.2%), noix (2.5%), et d'autres (17%).

Voici les niveaux de consommation alimentaire dans le classement mondial: 3ème - huiles végétales (26,5 kg/habitant/an), 8ème - légumes (206,5 kg/habitant/an), 10ème - viande (97,8 kg/habitant/an), 16ème - noix (5,7 kg/habitant/an), 21ème - fruits (149,6 kg/habitant/an), 28ème - stimulants (7,3 kg/habitant/an), 33ème - lait (193,3 kg/habitant/an), 48ème - œufs (9,3 kg/habitant/an), 49ème - légumineuses (7,7 kg/habitant/an), 56ème - céréales (148,0 kg/habitant/an), 58ème - poisson (21,8 kg/habitant/an), 77ème - sucre (33,8 kg/habitant/an), 101ème - épices (0,43 kg/habitant/an), 103ème - racines riches (45,2 kg/habitant/an), 113ème - alcool (18,8 kg/habitant/an).

Les années 2010

La consommation de kcal en Israël était de 3 573,5 kcal/jour par habitant dans les années 2010, au 7ème rang mondial à égalité avec

Chapitre XIV. Consommation de nourriture

l'Italie (3 578,0 kcal/jour par habitant), l'Irlande (3 597,3 kcal/jour par habitant). La consommation de kcal en Israël était supérieur à celui dans le monde (2 869,3 kcal/jour par habitant), et était supérieur à celui en Asie (2 759,8 kcal/jour par habitant). La consommation de kcal avait la structure suivante: céréales (32.6%), huiles végétales (18.4%), viande (11.2%), lait (7.5%), sucre (7.2%), et d'autres (23.1%).

La consommation de protéines en Israël était de 127,0 g/jour par habitant dans les années 2010, se situant au 3ème rang mondial à égalité avec Hong Kong (127,2 g/jour par habitant). La consommation de protéines en Israël était supérieur à celui dans le monde (80,6 g/jour par habitant), et était supérieur à celui en Asie (76,7 g/jour par habitant). La consommation de protéines avait la structure suivante: viande (31.2%), céréales (27.4%), lait (15.2%), poisson (4.3%), légumineuses (4%), et d'autres (17.9%).

La consommation de graisse en Israël était de 148,8 g/jour par habitant dans les années 2010, se classant au 10ème rang mondial à égalité avec le Canada (148,5 g/jour par habitant), l'Australie (149,4 g/jour par habitant), l'Islande (147,8 g/jour par habitant). La consommation de graisse en Israël était supérieur à celui dans le monde (82,4 g/jour par habitant), et était supérieur à celui en Asie (72,1 g/jour par habitant). La consommation de graisse avait la structure suivante: huiles végétales (49.9%), viande (17.3%), lait (9.6%), céréales (3.2%), noix (2.3%), et d'autres (17.7%).

Voici les niveaux de consommation alimentaire dans le classement mondial: 4ème - huiles végétales (27,2 kg/habitant/an), 12ème - viande (97,5 kg/habitant/an), 20ème - noix (5,6 kg/habitant/an), 22ème - légumes (169,5 kg/habitant/an), 30ème - stimulants (7,8 kg/habitant/an), 35ème - fruits (118,7 kg/habitant/an), 36ème - lait (188,2 kg/habitant/an), 40ème - œufs (10,6 kg/habitant/an), 50ème - légumineuses (8,5 kg/habitant/an), 59ème - céréales (148,5 kg/habitant/an), 61ème - poisson (22,5 kg/habitant/an), 82ème - épices (0,61 kg/habitant/an), 103ème - sucre (27,7 kg/habitant/an), 111ème - alcool (21,2 kg/habitant/an), 114ème - racines riches (39,8 kg/habitant/an).

Partie V. Reproduction

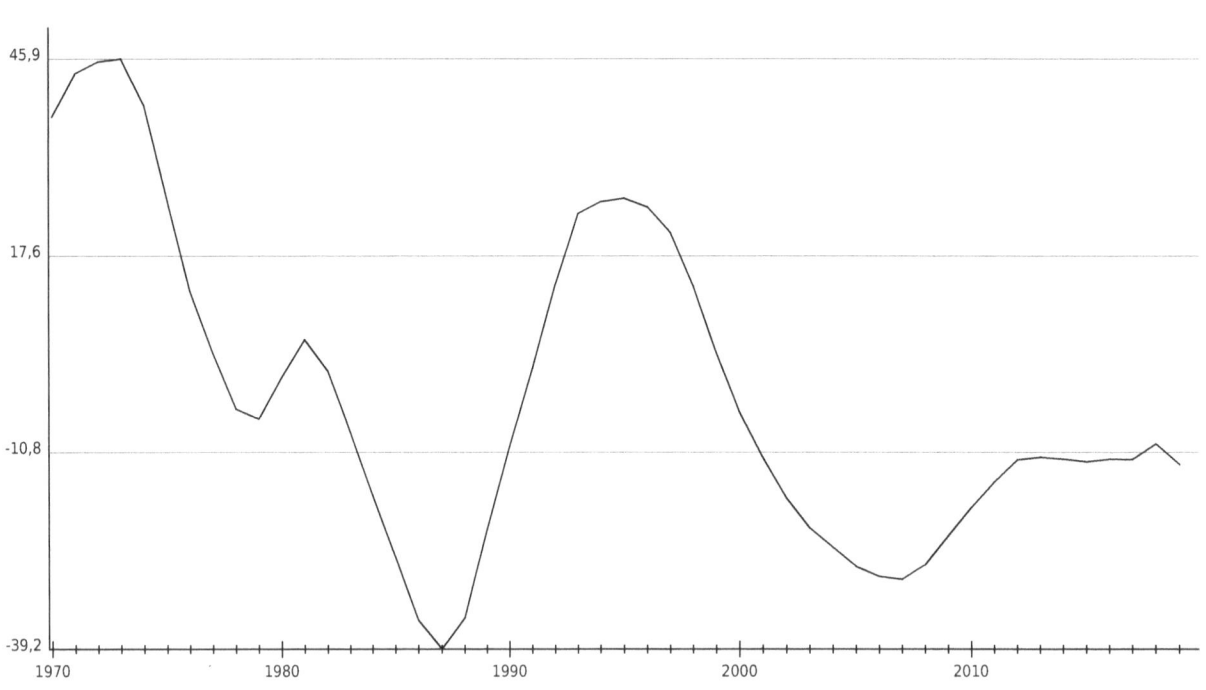

Indice de Kouchnir, (-) consommation - (+) reproduction

Chapitre XV. Formation de capital fixe

Formation brute de capital fixe

La formation de capital d'Israël est passé de 3,7 milliards de dollars par an dans les années 1970 à 63,0 milliards de dollars par an dans les années 2010, c'est-à-dire 59,3 milliards de dollars ou de 17,0 fois. La variation a été de 46,2 milliards de dollars en raison de l'augmentation de 3,8 fois des prix, et de 7,7 milliards de dollars en raison de la croissance du taux par habitant de 1,8 fois, et de 5,4 milliards de dollars en raison de la croissance démographique. La croissance annuelle moyenne de la formation brute de capital fixe était de 4,1%. La valeur minimale était de 1,8 milliards de dollars en 1970. La valeur maximale était de 81,3 milliards de dollars en 2019.

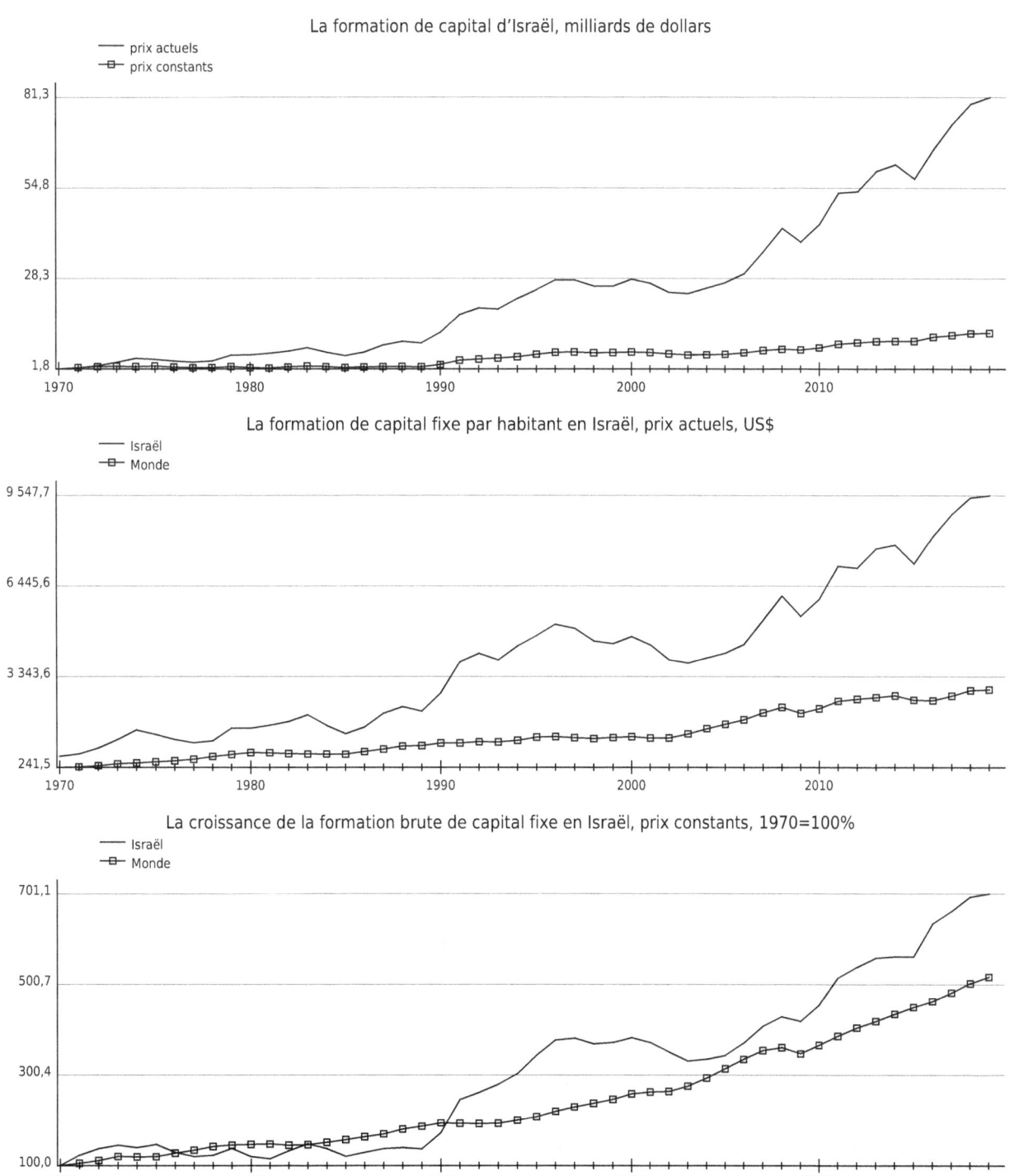

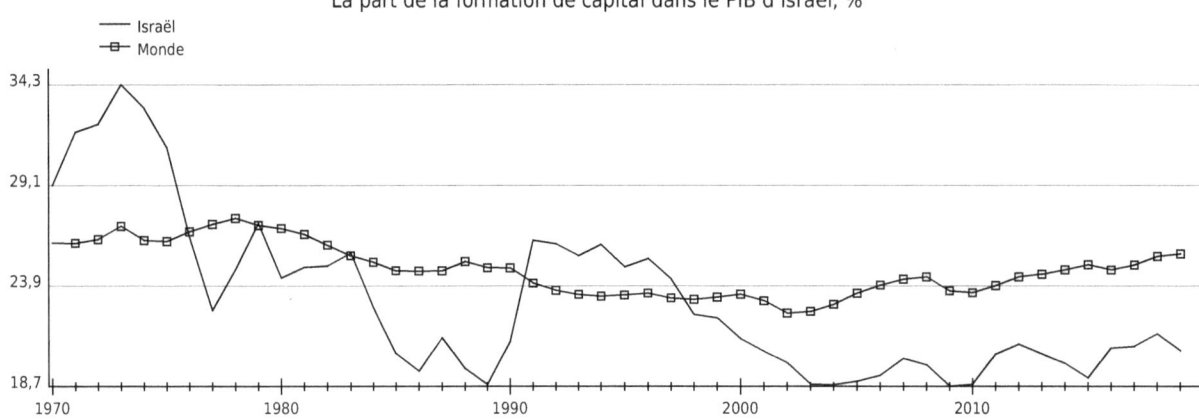

La part de la formation de capital dans le PIB d'Israël, %

Les années 1970

La formation de capital d'Israël était de 3,7 milliards de dollars par an dans les années 1970, se situant au 44ème rang mondial. La part dans le monde était de 0,21% et de 1,1% en Asie.

La part de la formation de capital dans le PIB d'Israël était de 28,5% dans les années 1970, se classant au 45ème rang mondial, à égalité avec le Paraguay (28,6%), la Nouvelle-Calédonie (28,6%), l'Eswatini (28,4%).

La formation de capital par habitant en Israël était de 1145.8 dollars dans les années 1970, se situant au 36ème rang mondial, à égalité avec les Îles Caïmans (1 162,1 de dollars). La formation de capital fixe par habitant en Israël était 2,6 fois supérieure la formation de capital fixe par habitant au Monde (433,5 US$), et 7,6 fois supérieure la formation de capital fixe par habitant en Asie (151,1 US$).

La croissance de la formation de capital en Israël était de 3.6% dans les années 1970, au 121ème rang mondial, à égalité avec l'Est (3,7%). La croissance de la formation de capital en Israël (3,6%) a été inférieure à celle du monde (4,2%), et inférieure à celle de l'Asie (6,2%).

Comparaison avec les voisins. La formation de capital d'Israël était supérieure à celle de l'Égypte (2,4 milliards de dollars), de la Syrie (1,3 milliards de dollars), du Liban (618,8 millions de dollars), de la Jordanie (460,5 millions de dollars) et de la Palestine (174,7 millions de dollars). La formation de capital fixe par habitant en Israël était supérieure à celle du Liban (247,0 de dollars), de la Jordanie (227,1 de dollars), de la Syrie (172,6 de dollars), de la Palestine (134,8 de dollars) et de l'Égypte (63,8 de dollars). La croissance de la formation brute de capital fixe en Israël était supérieure à celle du Liban (-1,1%); mais inférieure à celle de la Palestine (19,7%), de l'Égypte (17,7%), de la Jordanie (16,7%) et de la Syrie (15,2%).

Comparaison avec les leaders. La formation de capital d'Israël était inférieure à celle des États-Unis (381,9 milliards de dollars), de l'URSS (214,6 milliards de dollars), du Japon (191,6 milliards de dollars), de l'Allemagne (125,8 milliards de dollars) et de la France (82,9 milliards de dollars). La formation de capital fixe par habitant en Israël était supérieure à celle de l'URSS (850,9 de dollars); mais inférieure à celle des États-Unis (1 750,0 de dollars), du Japon (1 720,7 de dollars), de l'Allemagne (1 597,2 de dollars) et de la France (1 545,4 de dollars). La croissance de la formation brute de capital fixe en Israël était supérieure à celle de l'URSS (3,2%), de la France (2,7%) et de l'Allemagne (1,5%); mais inférieure à celle des États-Unis (4,4%) et du Japon (3,9%).

Les années 1980

La formation de capital d'Israël était de 7,4 milliards de dollars par an dans les années 1980, se situant au 47ème rang mondial à égalité avec Singapour (7,5 milliards de dollars), la Nouvelle-Zélande (7,3 milliards de dollars). La part dans le monde était de 0,19% et de 0,74% en Asie.

La part de la formation de capital dans le PIB d'Israël était de 21,7% dans les années 1980, au 97ème rang mondial, à égalité avec l'Amérique du Sud (21,8%), la Papouasie-Nouvelle-Guinée (21,7%), la Libye (21,7%).

La formation de capital par habitant en Israël était de 1839.3 dollars dans les années 1980, se classant au 41ème rang mondial, à égalité avec les Amériques (1 848,1 de dollars), d'Anguilla (1 854,7 de dollars), les Îles Turks-et-Caïcos (1 809,4 de dollars). La formation de capital par habitant en Israël était 2,3 fois supérieure la formation de capital par habitant au Monde (790,9 US$), et 5,3 fois supérieure la formation de capital par habitant en Asie (349,2 US$).

Chapitre XV. Formation de capital fixe

La croissance de la formation de capital en Israël était de -0.1% dans les années 1980, se situant au 126ème rang mondial. La croissance de la formation brute de capital fixe en Israël (-0,094%) a été inférieure à celle du monde (2,5%), et inférieure à celle de l'Asie (4,8%).

Comparaison avec les voisins. La formation de capital d'Israël était supérieure à celle de l'Égypte (6,4 milliards de dollars), de la Syrie (3,1 milliards de dollars), de la Jordanie (1,6 milliards de dollars), du Liban (723,4 millions de dollars) et de la Palestine (516,0 millions de dollars). La formation de capital par habitant en Israël était supérieure à celle de la Jordanie (566,5 de dollars), de la Palestine (295,8 de dollars), de la Syrie (293,9 de dollars), du Liban (273,6 de dollars) et de l'Égypte (131,5 de dollars). La croissance de la formation brute de capital fixe en Israël était supérieure à celle de la Syrie (-2,7%); mais inférieure à celle de l'Égypte (8,3%), de la Palestine (3,1%), de la Jordanie (1,7%) et du Liban (0,99%).

Comparaison avec les leaders. La formation de capital fixe d'Israël était inférieure à celle des États-Unis (958,4 milliards de dollars), du Japon (571,7 milliards de dollars), de l'URSS (271,0 milliards de dollars), de l'Allemagne (238,1 milliards de dollars) et de la France (164,3 milliards de dollars). La formation de capital par habitant en Israël était supérieure à celle de l'URSS (984,8 de dollars); mais inférieure à celle du Japon (4 713,7 de dollars), des États-Unis (4 002,1 de dollars), de l'Allemagne (3 052,1 de dollars) et de la France (2 907,7 de dollars). La croissance de la formation de capital en Israël était inférieure à celle du Japon (4,8%), des États-Unis (3,1%), de la France (2,4%), de l'URSS (1,7%) et de l'Allemagne (1,4%).

Les années 1990

La formation de capital fixe d'Israël était de 22,4 milliards de dollars par an dans les années 1990, se classant au 38ème rang mondial à égalité avec la Colombie (21,9 milliards de dollars). La part dans le monde était de 0,33% et de 0,98% en Asie.

La part de la formation de capital dans le PIB d'Israël était de 24,3% dans les années 1990, se classant au 69ème rang mondial, à égalité avec la Tunisie (24,2%), le Viêt Nam (24,2%), le Kazakhstan (24,5%).

La formation de capital fixe par habitant en Israël était de 4342.2 dollars dans les années 1990, au 29ème rang mondial, à égalité avec le Royaume-Uni (4 319,1 de dollars), l'Italie (4 267,2 de dollars), le Qatar (4 256,7 de dollars). La formation de capital fixe par habitant en Israël était 3,7 fois supérieure la formation de capital par habitant au Monde (1 183,8 US$), et 6,6 fois supérieure la formation de capital par habitant en Asie (661,5 US$).

La croissance de la formation brute de capital fixe en Israël était de 10.5% dans les années 1990, se classant au 16ème rang mondial. La croissance de la formation brute de capital fixe en Israël (10,5%) a été supérieure à celle du monde (2,8%), et supérieure à celle de l'Asie (4,3%).

Comparaison avec les voisins. La formation de capital d'Israël était supérieure à celle de l'Égypte (12,0 milliards de dollars), du Liban (3,3 milliards de dollars), de la Syrie (3,3 milliards de dollars), de la Jordanie (2,0 milliards de dollars) et de la Palestine (1,1 milliards de dollars). La formation de capital par habitant en Israël était supérieure à celle du Liban (985,8 de dollars), de la Jordanie (448,6 de dollars), de la Palestine (436,4 de dollars), de la Syrie (230,9 de dollars) et de l'Égypte (194,0 de dollars). La croissance de la formation de capital en Israël était supérieure à celle de l'Égypte (6,8%), de la Syrie (6,0%), du Liban (5,4%) et de la Jordanie (2,6%); mais inférieure à celle de la Palestine (12,3%).

Comparaison avec les leaders. La formation de capital d'Israël était inférieure à celle des États-Unis (1,6 billions de dollars), du Japon (1,3 billions de dollars), de l'Allemagne (520,7 milliards de dollars), de la France (299,3 milliards de dollars) et du Royaume-Uni (250,0 milliards de dollars). La formation de capital par habitant en Israël était supérieure à celle du Royaume-Uni (4 319,1 de dollars); mais inférieure à celle du Japon (10 425,9 de dollars), de l'Allemagne (6 456,6 de dollars), des États-Unis (6 067,2 de dollars) et de la France (5 039,5 de dollars). La croissance de la formation de capital en Israël était supérieure à celle des États-Unis (4,8%), de l'Allemagne (2,4%), du Royaume-Uni (1,7%), de la France (1,5%) et du Japon (0,18%).

Les années 2000

La formation de capital fixe d'Israël était de 30,3 milliards de dollars par an dans les années 2000, se situant au 43ème rang mondial à égalité avec la Roumanie (29,9 milliards de dollars). La part dans le monde était de 0,28% et de 0,85% en Asie.

La part de la formation de capital dans le PIB d'Israël était de 19,6% dans les années 2000, se situant au 157ème rang mondial, à égalité avec l'Europe du Nord (19,6%), la Syrie (19,7%), le Pérou (19,4%).

La formation de capital fixe par habitant en Israël était de 4653.4 dollars dans les années 2000, se situant au 50ème rang mondial, à égalité avec l'Europe (4 590,9 de dollars), Bahreïn (4 760,8 de dollars). La formation de capital fixe par habitant en Israël était 2,8 fois supérieure la formation de capital par habitant au Monde (1 690,7 US$), et 5,1 fois supérieure la formation de capital fixe par habitant en Asie (905,5 US$).

La croissance de la formation de capital en Israël était de 1.2% dans les années 2000, au 162ème rang mondial. La croissance de la formation de capital en Israël (1,2%) a été inférieure à celle du monde (3,5%), et inférieure à celle de l'Asie (6,8%).

Comparaison avec les voisins. La formation de capital fixe d'Israël était supérieure à celle de l'Égypte (20,5 milliards de dollars), de la Syrie (6,2 milliards de dollars), du Liban (5,3 milliards de dollars), de la Jordanie (4,1 milliards de dollars) et de la Palestine (1,2 milliards de dollars). La formation de capital par habitant en Israël était supérieure à celle du Liban (1 178,9 de dollars), de la Jordanie (707,6 de dollars), de la Syrie (338,2 de dollars), de la Palestine (333,5 de dollars) et de l'Égypte (274,2 de dollars). La croissance de la formation de capital en Israël était supérieure à celle de la Palestine (-2,8%); mais inférieure à celle de la Jordanie (9,3%), du Liban (7,9%), de la Syrie (6,4%) et de l'Égypte (5,2%).

Comparaison avec les leaders. La formation de capital fixe d'Israël était inférieure à celle des États-Unis (2,8 billions de dollars), du Japon (1,2 billions de dollars), de la Chine (1,0 billions de dollars), de l'Allemagne (557,7 milliards de dollars) et de la France (463,9 milliards de dollars). La formation de capital fixe par habitant en Israël était supérieure à celle de la Chine (782,2 de dollars); mais inférieure à celle des États-Unis (9 376,4 de dollars), du Japon (8 981,8 de dollars), de la France (7 386,7 de dollars) et de l'Allemagne (6 851,1 de dollars). La croissance de la formation brute de capital fixe en Israël était supérieure à celle des États-Unis (0,43%), de l'Allemagne (-0,56%) et du Japon (-2,0%); mais inférieure à celle de la Chine (13,4%) et de la France (1,6%).

Les années 2010

La formation de capital d'Israël était de 63,0 milliards de dollars par an dans les années 2010, se classant au 42ème rang mondial à égalité avec le Qatar (63,1 milliards de dollars), l'Afrique centrale (62,2 milliards de dollars). La part dans le monde était de 0,33% et de 0,71% en Asie.

La part de la formation de capital dans le PIB d'Israël était de 20,4% dans les années 2010, au 136ème rang mondial, à égalité avec les Émirats arabes unis (20,4%), l'Amérique septentrionale (20,3%), l'Europe (20,5%).

La formation de capital fixe par habitant en Israël était de 7950.6 dollars dans les années 2010, au 35ème rang mondial. La formation de capital par habitant en Israël était 3,0 fois supérieure la formation de capital par habitant au Monde (2 621,1 US$), et 4,0 fois supérieure la formation de capital fixe par habitant en Asie (2 007,4 US$).

La croissance de la formation brute de capital fixe en Israël était de 5.3% dans les années 2010, se situant au 67ème rang mondial, à égalité avec Bahreïn (5,3%). La croissance de la formation de capital en Israël (5,3%) a été supérieure à celle du monde (4,1%), et inférieure à celle de l'Asie (6,0%).

Comparaison avec les voisins. La formation de capital fixe d'Israël était 55,4% supérieure à celle de l'Égypte (40,6 milliards de dollars), 5,8 fois supérieure à celle du Liban (11,0 milliards de dollars), 7,6 fois supérieure à celle de la Jordanie (8,3 milliards de dollars), 10,7 fois supérieure à celle de la Syrie (5,9 milliards de dollars) et 19,4 fois supérieure à celle de la Palestine (3,2 milliards de dollars). La formation de capital par habitant en Israël était 4,5 fois supérieure à celle du Liban (1 777,1 de dollars), 8,6 fois supérieure à celle de la Jordanie (926,4 de dollars), 11,0 fois supérieure à celle de la Palestine (722,5 de dollars), 17,9 fois supérieure à celle de l'Égypte (443,5 de dollars) et 25,2 fois supérieure à celle de la Syrie (315,0 de dollars). La croissance de la formation brute de capital fixe en Israël était supérieure à celle de l'Égypte (3,1%), de la Jordanie (1,3%), du Liban (0,44%) et de la Syrie (-3,8%); mais inférieure à celle de la Palestine (6,1%).

Comparaison avec les leaders. La formation de capital fixe d'Israël était 71,8 fois inférieure à celle de la Chine (4,5 billions de dollars), 57,1 fois inférieure à celle des États-Unis (3,6 billions de dollars), 19,2 fois inférieure à celle du Japon (1,2 billions de dollars), 11,9 fois inférieure à celle de l'Allemagne (752,5 milliards de dollars) et 11,1 fois inférieure à celle de l'Inde (696,8 milliards de dollars). La formation de capital par habitant en Israël était 2,5 fois supérieure à celle de la Chine (3 224,9 de dollars) et 14,9 fois supérieure à celle de l'Inde (535,2 de dollars); mais 29,4% inférieure à celle des États-Unis (11 264,9 de dollars), 16,0% inférieure à celle du Japon (9 460,2 de dollars) et 13,5% inférieure à celle de l'Allemagne (9 192,9 de dollars). La croissance de la formation de capital en Israël était supérieure à celle des États-Unis (3,8%), de l'Allemagne (2,8%) et du Japon (1,8%); mais inférieure à celle de la Chine (8,0%) et de l'Inde (5,8%).

www.ingramcontent.com/pod-product-compliance
Lightning Source LLC
Chambersburg PA
CBHW080521220526
45465CB00006B/2558